农村社区服务
—— 体制空间与运行机制

RURAL COMMUNITY SERVICE
Institutional Space
and Operational Mechanism

罗 峰 / 著

社会科学文献出版社
SOCIAL SCIENCES ACADEMIC PRESS (CHINA)

本书为国家社会科学基金青年项目"人地分流背景下农村社区服务体系建设研究"(11CSH015)的最终成果

序　言

　　我们处于全球化的时代！在这样一个时代，我们每个人都会或主动或被动地卷入现代化所勾勒的场景之中，社会秩序也在此背景下重构。当历史传统依然犹如流淌的血液贯穿社会发展的脉络并主宰历史的走向时，现代性早已皮囊披身，俨然演员般登台亮相。正是内外之别、新旧冲突衍生了社会问题，使其成为我国现代社会科学的出发点。对于拥有五千年文明的国度来说，历史已然成为我国社会发展进程中的一部分，无关乎个人好恶。其中，历史中的宏大叙事不仅是社会科学研究者认识社会的主观视角，也蕴含了真真切切的实践逻辑。被建构起来的宏大目标及与其相匹配的体制，深刻影响甚至主宰着地方社会的发展进程。这是本书的基本前提判断。自2011年立项之后，课题组成员先后赴山东、湖北、湖南、浙江、新疆等地进行实地调查，与当地官员、乡村干部、农民群众等进行了面对面的交流、访谈，正是因为有了他们的参与及帮助，我才获得了鲜活的素材，并使其成为我进一步理解中国乡村社会的源泉。在此过程中，我深切体会到乡村社会的底层智慧与突破重围的创造力，或许正是这种悄无声息的生存方式才是社会发展的隐形动力，与高调而强势的宏大叙事相互映照，共同演绎着当代中国的乡村故事。自古以来，农村社区就是人类最基本的生存空间，是在人类与自然互动过程中逐渐被建构起来的。农村社区服务不仅具有鲜明的时代特征，也与人们的日常生产生活密切相关。随着现代化进程的推进，宏大叙事的历史基因与现代国家建构联姻，浸入哪怕最为偏远的乡村社会，将现代性的要素引入每一个角落。于是，农村社区不再是偏安一隅、封闭而静止的地域空间，农村社区服务也不仅仅是家族权威与民众共同协作的地方事务，农村社区服务的国家化与现代化齐头并进。

　　观察视角的转换，虽不能改变社会本身，但可以使我们发现不一样的景象，正所谓"横看成岭侧成峰"。社会科学的意义不仅在于视角的转换，也在于如何最大限度地揭示社会事实、阐释某种社会机制。农村社区服务内容丰富、运行机制复杂，且相互交织，我们会如何理解并呈现，是从自上而下的宏观视角，还是从自下而上的微观视角，抑或其他？当然，如何尽可能符合事实，则成为最基本也是最重要的标尺。体制空间带有鲜明的自上而下的色彩，是由宏大叙事的历史基因与现代国家建构联姻而形成的，势必会强势影响农村社区服务体系的建构，也更符合其实践逻辑。当然，本书并未忽略地方政府、社区组织、社区居民等相关主体的作用及价值，而且在一定程度上凸显了其在特定体制空间中的主体性及反向作用。此即以体制空间为研究视角的缘由。

　　是为序！

目　录

导　论 / 001

一　问题缘起 / 001

二　研究述评 / 003

三　分析框架 / 021

四　研究方法 / 023

五　核心概念 / 024

六　行文脉络及篇章结构 / 026

第一章　农村社区服务的历史沿革 / 029

一　新中国成立以来农村社区服务体制演进 / 029

二　当前农村社区服务供给机制 / 033

本章小结 / 048

第二章　农村社区服务的供给现状 / 049

一　农民关注及其困境 / 050

二　户籍、职业及社区服务边界 / 054

三　农村社区公共服务供给现状 / 062

四　农村社区互助及市场化服务 / 074

本章小结 / 078

第三章 基本公共服务的社区化实现——以农村社区医疗卫生服务为例 / 080

一　医疗卫生组织科层化 / 080

二　激励机制的市场化 / 089

三　公益目标的社区化实现 / 095

本章小结 / 101

第四章 农村社区服务的运动式供给——基于鄂东四村的调查 / 102

一　引言 / 102

二　运动式社区服务的政府动员 / 104

三　运动式社区服务的受众视角 / 110

四　运动式社区服务的逻辑及后果 / 123

本章小结 / 126

第五章 农村社区服务的互助供给——对两个社区互助服务个案的考察 / 127

一　葬礼中的社区互助服务 / 127

二　村组道路修建中的社区互助服务 / 133

本章小结 / 145

第六章 结语：体制空间下农村社区服务体系及其重建 / 147

一　农村社区服务的体制空间 / 147

二　农村社区服务体系的构成及其运行机制 / 149

三 重建农村社区服务体系的路径选择 / 152

■ **参考文献** / 155

■ **附　录** / 162

导 论

一 问题缘起

社区是人们特定的生活生产空间，在此空间内形成了特定的社会关系。在此意义上，作为社会存在的人也是通过具体的社区得以展现的。换言之，社区为其成员提供特定的资源及社会支持。长期以来，土地束缚下的农民处于相对封闭、静止的社区之中，并与社区相依存。农民活动范围与所处的农村社区在地理空间、制度规范以及社会支持等方面高度重合，社区服务的对象是相对固定的、确定的。改革开放后，伴随着市场化、城市化及农地流转合法化进程，农民逐渐摆脱土地束缚，流动于城乡及不同地区之间，计划经济体制下的城市单位供给或农村社区封闭自给服务已日显不足，即农村社区服务与流动人口之间存在体制性矛盾。为此，我国政府从20世纪80年代中期开始在城市倡导"社区服务"，并在21世纪明确提出并推进农村社区服务体系建设。

然而，户籍制度以及与此相关的一系列福利制度，是基于特定的行政区域而设置的，由此构建出城乡分离、区域有别的社会治理体制。这种区块式、封闭式的社会治理体制与开放条件下的人口常态流动极不吻合，国家的属地管理与人口流动之间的矛盾日渐凸显。主要存在以下两种情况：第一，农村社区（A）居民（a）总是受到农村社区（A）以外的所有其他社区排斥，难以享受到平等的社区服务，而随着时代的发展，居民（a）的工作地点不再拘泥于户籍所在地——农村社区（A），其工作所在地社区（B）更多地会由于工作地点的变化而改变，出现了居民（a）由于户籍在A社区而无法享受到B社区（可以是农村社区也可以是城市社区）的社区服务的情况；第二，居民（a）总是往返于农村社区（A）与工作所在地社区（B）之间，后者是不断变化的，而两个社区之间，尤其是不在同一个大辖区范围内的社区之间并未有任何体制性关联，社区服务中公共服务部分的转移衔接困难，加之城乡之间、行政区域之间存在的地方性差异，使居民（a）游走于城乡之间、地区之间的同时，游离于社区服务之外。可见，现有的社区服务提供机制与现代化进程中个体的流动性形成了矛盾。在这种背景下，谁应该为谁提供社区服务，即社区服务的边界如何确定？

农村社区服务的提供向来与国家对乡村的治理方式紧密相关。税费时代的乡村社会是国家现代化进程中重要的资源汲取对象，农村社区主要作为国家的治理单位而存在。21世纪以来，特别是免征农业税之后，随着国家一系列惠农政策的实施，国家与乡村社会的关系正在重构，乡村社会逐渐从资源贡献者向经济社会发展成果的共享者或受益者转变。这种转变是否意味着农村社区服务的改善以及农民相关需求的满足呢？显然，农村社区服务依然面临诸多困境，诸如看病难（贵）、上学难（贵）、养老难等新老难题并存，社区集体行动难以进行，社区服务供给与农民需求之间的矛盾依然突出等。在这种情形下，农村社区服务是如何开展的？社区服务机制是怎样的？国家对乡村的资源注入是如何发挥作用、如何影响社区服务的？农村社区服务是否以及如何回应流动人口的需求？

总之，在现代化、城市化及市场化的大背景下，人口流动日益成为一种常态，而国家的属地管理政策限定了社区服务的边界，制约了农村居民所享有的社区服务，使"谁在哪里享受何种社区服务"的问题变得模糊。与此同时，21世纪以来，国家与乡村社会关系发生了重大变化，但是国家对乡村社会的资源注入并未完全使农村社区服务摆脱困境。农村社区服务何以及如何发挥作用、"国家－乡村"关系的变化对农村社区服务意味着什么等问题变得尤为重要。这些问题便是本研究的出发点。

二 研究述评

社区是人们生活的具体社会实在，是可触及、可感知的。在社区范围内，充斥着有血有肉的社会成员，正是在这样的空间内，作为个体的人才获得了其真实的社会性。在现代化过程中，传统社区面临着各种挑战与冲击，其中有两点是至关重要的。一是市场经济的进入颠覆了传统共同体的基础。社区成员的生产生活不再仅限于社区内部，而是深深卷入了全国乃至全球的市场中，社区的一举一动无不受到全球市场的影响。从这个意义上讲，社区是处于经济全球化浪潮中的社区，这不仅改变了社区内人们的生产生活方式，也在改变着人们的价值取向，社区秩序的重构在所难免。二是政府的介入使社区事务国家化或公共化。正如吉尔耐所说，从传统到现代的社会转型，是从社区－国家分离的社会形态转变为社区受国家和全民文化的全面渗透的过程，是原有的较为自立的社区及其外联区位体系，经历绝对主义国家的行政区位制约，走向"全民"社区行政"细胞化"的过程。①

在此背景下，我国农村社区既有的服务模式不可避免地发生变

---

① 参见王铭铭《小地方与大社会——中国社会的社区观察》，《社会学研究》1997年第1期。

革，其行政化的组织方式、自筹的服务资源、家庭（家族）化的协作模式必然遭遇种种挑战。广义而言，农村社区服务涵盖基本公共服务、互助服务和市场化服务。① 这三种类型的社区服务，既是实践中农村社区服务供给的三种不同方式，也是三种不同的理论进路。

（一）内生与互助——共同体视角下的社区服务

滕尼斯最早提出"社区（共同体）"的概念，认为共同体主要是通过自然基础上的群体（家庭、宗族）实现的，也可能在小的、历史形成的联合体（村庄、城市）以及思想的联合体（如朋友关系、师徒关系等）上实现。在滕尼斯的分析中，社区是人类结合方式的一种理论抽象，"共同体的理论出发点是人的意志完善的统一体，并把它作为一种原始的或者天然的状态"②。滕尼斯将共同体理解为"关系本身即结合"③，其结合主要是通过自然基础上的群体实现的，在共同体内部"较大的共同体的力量也是较大的进行帮助的力量。如果说共同体内部从根本上讲有一种意志的存在，那么越大的共同体感受到的力量（因为这种力量本身就是意志）就越是大得多，也坚决得多。尤其在这种血缘的有机体的关系之内，存在着一种强者对弱者的本能的和天真的温柔，一种帮助人和保护人的兴致，这种兴致与占有的欢乐和对自己权力的享受在内心里浑然一体了"④。可见，在滕尼斯看来，共同体内部的互助是其内涵之一。

对社区共同体的关注在芝加哥学派那里得到发扬。罗伯特·帕克认为社区（community）所具有的特点有："它有一群按地域组织

---

① 詹成付、王景新：《中国农村社区服务体系建设研究》，中国社会科学出版社，2008，第18~20页。
② 斐迪南·滕尼斯：《共同体与社会——纯粹社会学的基本概念》，林荣远译，北京大学出版社，2010，第48页。
③ 斐迪南·滕尼斯：《共同体与社会——纯粹社会学的基本概念》，林荣远译，北京大学出版社，2010，第43页。
④ 斐迪南·滕尼斯：《共同体与社会——纯粹社会学的基本概念》，林荣远译，北京大学出版社，2010，第53页。

起来的人；这些人不同程度地深深扎根在他们所生息的那块土地上；其中的每个人都生活在一种相互依赖的关系中。"① 芝加哥学派主要关注的是城市街区，重点研究的是在地理上聚集在一起的区域人口的行动方式而不是一种特定的社会关系模式。地域因素为共同体准备了最为基本的物质条件，在物理上促成了人群间的亲密联系。然而，这种临近的地理关系无法理所当然地促成共同的生活，共同体还需要相互认同的纽带。临近的地域、共同的认同意识，意味着该群体有共同的利益诉求。所谓共同利益，是指个体与个体之间、个体与群体之间存在利益关系的共损共荣：任何成员的价值、功绩或名誉，也是其他成员乃至整个群体的财富；前者的增加或减少，同时也意味着后者的增加或减少。② 只有这种荣辱与共的社会群体才能构成一个共同体。

在此传统中，社区共同体本身就暗含互助（服务）的内涵，并且成为共同体之所以存在的基础。然而，随着经济市场化、国家现代化的进程加快，传统社区共同体的互助性功能受到冲击。

在韦伯看来，现代资本主义具有两个重要特征。一是营利取向的工业企业及其制度性要素，制度性要素包括合理的会计核算及与此相关的六项制度，即独立的私人企业可以任意处理土地、设备等一切生产资料，市场自由，基于合理的会计技术之上的各种技术理性运用，可预测的法律法则，自由劳动力，经济生活的商业化。二是企业家的资本主义精神，即将追求财富作为人生最大价值追求。③ 现代资本主义的这些特点，与传统村落社区共同体中互助互惠的运行原则相悖，取而代之的是效用最大化原则主导下的个人主义。正如波兰尼所言，资本主义市场力量不仅要求把货币、土地、劳动力都变成可以自由交易的商品，而且要求经济从社会中脱嵌，要求一

---

① Larry Lyon, *The Community in Urban Society*, Waveland Press, 1999.
② 阿拉斯戴尔·麦金太尔：《追寻美德：伦理理论研究》，宋继杰译，译林出版社，2003，第290页。
③ 马克斯·韦伯：《新教伦理与资本主义精神》，于晓等译，三联书店，1987，第41~52页。

切社会制度都转向适应营利目标、效用原则，以便把社会变成市场社会。① 在这种转型过程中，农民作为个体的自由劳动力越来越从村落共同体中脱离出来，进入效用原则主导下的市场社会中，原有村落共同体中的社会性互助互惠关系被以营利为目标的经济关系所取代，"随着民族联系、地区联系、共同体联系、邻里联系、家庭联系以及最后与个人自我前后一致的理念的联系的持续弱化，个人忠诚的范围也日益缩小了"②。在此意义上，村落共同体中互助式社区服务的供给方式在市场经济的冲击下逐渐失效。

在现代化过程中，我国传统村落共同体如何演化？其内生的互助式社区服务体系能否及如何存续？毛丹认为，"如果承认现代社会还需要小型、地方性共同体的存在，以满足非市场经济性质的互助与交换，并发挥情感和社会认知方面的功能，就意味着要承认村落共同体的农业经济支撑条件在现代社会可能松动剥离，但它作为社区共同体仍然是正常的现代社会的基本资源；它能否在空前复杂的推压力量下采取恰当的'过海策略'，实现与社会的联结，首先取决于国家和社会把何种社会视为正常"③。

在现代化的冲击下，传统村落共同体的衰落或转型似乎不可避免。传统社区在向脱域共同体转变，有相对明确的地域界限、有凝聚力的邻里社区逐渐式微，现代社会中的邻里越来越互不相关④，以地缘为基础形成的邻里互助体系随之崩溃。然而，传统村落共同体并非在消亡的道路上直线前行，有些村落共同体依靠特定的地方行为或习俗延续下来⑤，同时存在共同体联系纽带及互助关系空间的整

---

① 卡尔·波兰尼：《大转型：我们时代的政治与经济起源》，冯钢、刘阳译，浙江人民出版社，2007，第65页。
② 齐格蒙特·鲍曼：《共同体》，欧阳景根译，江苏人民出版社，2003，第56页。
③ 毛丹：《村落共同体的当代命运：四个观察维度》，《社会学研究》2010年第1期。
④ 王小章、王志强：《从"社区"到"脱域的共同体"——现代性视野下的社区和社区建设》，《学术论坛》2003年第6期。
⑤ 周大鸣、詹虚致：《祭祀圈与村落共同体——以潮州所城为中心的研究》，《中国农业大学学报》（社会科学版）2003年第4期。

体转移现象,即把传统乡村共同体移植到现代城市社会中,从而出现了"跨越边界的社区"①。

无论是对社会发展趋势的预测还是对共同体的想象,共同体或者说转型后的共同体仍然被一些学者称为现代社会中一种重要的存在形态,并且在某种程度上可以称为应对现代化危机的一种"药方",只是未来的共同体基础或者说纽带可能有所差异。刘祖云、孔德斌认为农村社区从家元共同体、族阈共同体向合作共同体转变,"在合作共同体中,帮助他人既具有道德强制性也具有明确的目的性,基本上是一种'双向互惠利他'的表现"②。项继权认为"应通过加强农村公共服务,用服务将人们联系起来,在服务的基础上重建农民的社区及社会信任和认同,构建新型农村社会生活共同体"③。前者注重的是农村社区共同体内部主体之间的"双向互惠利他",而后者所强调的"服务"则已经超出农村社区的范畴,但都承认农村社区共同体在现代化冲击下有重建的可能,并且其联系纽带与互助或社区服务有关。

如果说滕尼斯与鲍曼意义上社区的认同意识以互助为基础的话,那么现代化进程中社区认同的基础则发生了巨大变化。可以说,传统社区是相对独立的社会实体,社区认同更多的是对这个地域社会中人群共同体的认同。随着现代国家的兴起,社区越来越成为国家的一个部分,也越来越充斥着国家因素,甚至社区建设成为现代国家建设的重要手段与场域。这时,现代意义上的社区服务,除了继承传统的社会互助(这些互助也充斥着现代组织的介入及新的手段)之外,更多是国家主导、远超社区范围的社会组织的广泛参与的结

---

① 项飙:《跨越边界的社区:北京"浙江村"的生活史》(修订版),三联书店、生活书店出版有限公司,2018。
② 刘祖云、孔德斌:《共同体视角下的新农村社区建设》,《学习与探索》2013年第8期。
③ 项继权:《中国农村社区及共同体的转型与重建》,《华中师范大学学报》(人文社会科学版)2009年第3期。

果。因此，社区服务的公共性及国家意志显而易见。也就是说，现代意义上的社区服务完全超出了社区自身范畴。

正如韦伯所言，"即使是农村聚落里那种稳定的邻人关系，自古以来也显现同样的分裂性——个别的农夫根本不愿让他人插手自己的事，不管对方是抱有多大的善意"①，那么，互助性服务与基本公共服务何以必要或何时必要、何以可能或何时可能？如果说，志愿互助服务是源于居民需求与共同（集体）行动的结合，那么基本公共服务则是国家目标与个体行为的对接。在现代化转型过程中，以互助服务为基础的共同体命运与以公共服务为基础的现代国家走向之间，是共生共存还是此消彼长，是共同体理论难以解答的问题。

（二）公民权利与市场失灵——公共服务视角下的社区服务

关于公共服务的研究有两种理论脉络，一是将公共服务作为公民权利的政治学与行政学研究，二是将公共服务作为私人物品相对应概念的经济学研究。

1. 基于公民权利的公共服务研究

作为公民权利的公共服务思想可追溯到自然权利思想，其代表人物有格劳秀斯、霍布斯、洛克等。自然权利源自古希腊哲学中的自然法理论，是指人生而就有的权利，是天赋的、不可转让、不可剥夺的权利，每个人都有资格拥有。之后自然权利思想成为西方政治及法律研究的一个重要议题。洛克在《政府论》中指出："人们……生来就享有自然的同样的有利条件，能运用相同的身心能力，就应该人人平等，不存在从属或受制的关系"；"人们既然都是平等和独立的，任何人就不得侵害他人的生命、健康、自由或财产。"② 西方社会政治制度

---

① 马克斯·韦伯：《经济行动与社会团体》，康乐、简惠美译，广西师范大学出版社，2004，第262页。
② 洛克：《政府论》（下），瞿菊农、叶启芳译，商务印书馆，1982，第5~6页。

的实践深受自然权利思想的影响。美国《独立宣言》提到："人人生而平等，造物者赋予他们都不可剥夺的权利，其中包括生命权、自由权和追求幸福的权利。"

自然权利理论蕴含了这样几个命题：一是自然权利包含了特定的权利，包括生命权、自由权、追求幸福的权利等；二是权利本位，即将权利置于道德体系中最基础的位置；三是自然权利与人的自然属性有关，因而这种权利是普遍的、不受外部条件制约的。

在自然权利基础上，思想家们阐释了"国家何以必要"的问题。霍布斯在《利维坦》中指出，人的自然权利就是自我保护的天性，自然法是一种理性的戒条，这种戒条教导人们不要做有害于自己生命的行动，最终达到自我保护的目的。全能的"利维坦式的"国家就是强调保障个人的权利。与霍布斯建立全能政府的主张不同，洛克认为保障个人权利主要依托于有限政府而非全能政府，因为人们有足够的理性在政府的有限干预下实现人的自由和权利。

18世纪中后期，随着经验主义和实证主义的兴起，自然权利学说遭到以休谟为代表的思想家们的激烈批判。"二战"的惨痛经历使自然权利思想复苏，富勒、德沃金、罗尔斯等人构建了新的自然法理论，人的权利和法律的正义性重新得到广泛认可。

自然权利思想逐渐演变为现代人权及公民权利，一定意义上也建构了现代国家的政治制度及合法性基础。保障公民基本权利的实现是"现代国家"的应有之义，而公共服务则是作为公民权利得以实现的重要方式。正如莱昂·狄骥所言："国家不再是一种发布命令的主权权利。它是由一群个人组成的机构，这些个人必须使用他们所拥有的力量来服务于公共需要。公共服务的概念是现代国家的基础。"[①] 那么，现代国家如何有效地提供公共服务呢？从公共行政理论及实践来看，主要涉及传统公共行政、新公共管理、新公共服务三个范式，并且

---

① 狄骥：《公法的变迁·法律与国家》，郑戈等译，辽海出版社、春风文艺出版社，1999，第13页。

从演进脉络而言，是一脉相承的。传统公共行政下，"行政部门处于政治领导的正式控制之下，建立在官僚的严格的等级模式的基础之上，由常任的、中立的和无个性特征的官员任职，只受到公共利益的激励，不偏不倚地为任何执政党服务，不是修饰政策，而仅是执行被政治官员决定的政策"①。在这种范式下，政府是依靠官僚制输送公共政策、提供公共服务的。新公共管理则是在批评传统公共行政对公共服务的垄断性供给、高成本且低效率的基础上发展起来的，"新公共管理的一个重要的特征就是将市场竞争机制引入公共服务的运作中，即实现公共服务的市场化"②。新公共管理范式将市场力量引入公共部门，在两个方面产生转向。一是实现公共部门与私人部门之间的竞争，以缩小政府规模、降低成本、提高公共服务供给效率，并认为民营化和合同制是发挥其作用的主要途径；二是将政府看作负责任的企业家，公民则是顾客或消费者，"公民不必再扮演乞讨者的角色，而被看作可以要求提供公认的服务水平的顾客"，认为这种"顾客取向"有利于满足多样化的社会需求，可赋予民众选择公共服务的权利，以提高公共服务质量及效率。

如果说传统公共行政、新公共管理通过不同的方式提供公共服务，从而实现公民权利的话，那么新公共服务范式则将公共服务与公民权利直接联系起来，更加重视公民权利。新公共服务提出七大原则。一是服务于民，而不是服务于顾客。公共管理者不仅要关注服务对象的需求，更要把服务对象看作具有公民权的公民，要在公民之间建立对话和合作。二是追求公共利益。公共利益是管理者和公民共同的利益和共同的责任，是目标而不是副产品。三是重视公民权胜过重视企业家精神。公共管理者和公民要比具有企业家精神的管理者能够更好地促进公共利益和公共服务。四

---

① 欧文·E. 休斯：《公共管理导论》（第二版），彭和平等译，中国人民大学出版社，2001，第 26~27 页。
② Kieron Walsh, *Public Service and Market Machanism*, Macmillan Press Ltd., 1995: 6.

是思考要具有战略性，行动要民主化。通过民主的程序使管理有效且负责任地实施。五是责任非单一性。公务员不仅应关注市场，还应关注法令和宪法、社会价值观、政治规范、职业标准以及公民利益。六是服务，而不是掌舵。公共管理者应重视帮助公民表达和实现他们的公共利益，而非试图在新的方向上控制或驾驭社会。七是重视人，而不只是效率。新公共服务范式强调通过公民参与的方式来实现公民权利，认为这符合民主规范，可防止统治者侵犯公民权利、提高政府合法性。①

以个人权利为基础的国家建制及公共服务供给范式，与我国的大共同体本位传统相差甚远，也就是说，在大共同体本位下，个体权利受到极大限制，不是先"天赋权利"后有国家，而是相反。由此可见，作为国家与公民关系重要衔接手段的公共服务供给理路完全不同。因此，如果忽略这种历史传统与国家建制的差异，简单套用以公民权利为基础的公共服务理论，则无法解释农民在公共服务方面的被动地位。

2. 基于市场失灵的公共服务研究

公共服务在经济学中大体等同于公共物品，公共物品问题被认为是市场失灵的根源之一。在古典经济学家，如亚当·斯密等人看来，自由竞争的市场机制作为最好的资源配置方式，有一只"看不见的手"在支配着社会经济活动，他们反对国家干预经济生活，提出自由放任原则，政府只需扮演"守夜人"的角色，即维护国家安全、社会法律及市场秩序。后经马歇尔等经济学家继承，古典经济学发展为新古典经济学，新古典经济学继续倡导自由竞争、自由放任。然而，伴随着1929年爆发的世界经济危机及之后出现的长期大萧条，市场失灵昭然若揭。在这一背景下，凯恩斯于1936年出版了《就业、利息和货币通论》一书，强调了国家干预经济的必要性，有必要解决就业等公共服务问题，以弥补市场失灵。到了20世纪70

---

① 参见珍妮特·V.登哈特、罗伯特·B.登哈特：《新公共服务：服务而不是掌舵》，方兴、丁煌译，中国人民大学出版社，2004。

年代，西方世界出现了经济停滞和通货膨胀并存的困境，出现国家失灵现象。之后，新经济自由主义兴起，反对国家干预经济，强调恢复自由市场机制的调节作用。然而，国家并未从公共服务等方面的干预中完全退出，而是反思如何更有效率地提供公共服务，上文中"新公共管理"即是基于这一时代背景与理论挑战的回应。具体来说，经济学对公共物品的研究主要基于市场机制对公共物品调节失灵方面，集中体现在以下几个方面。

（1）公共物品的内涵及分类

非排他性与非竞争性是公共物品认定的两大核心指标，这最先由萨缪尔森确立。萨缪尔森区分了私人消费物品与集体消费物品、私人消费物品与公共消费物品、纯私人物品与纯公共物品等相对概念，指出公共物品相对于私人物品具有显著的非排他性与非竞争性特征。[1] Sandler 与 Tschirhart 在此基础上提出"俱乐部物品"概念，将萨缪尔森纯公共物品与纯私人物品的区分，转变为纯私人物品与俱乐部物品的区分。[2] Barzel 提出"准公共物品"概念，该概念是纯公共物品与纯私人物品的混合。[3]

布坎南则不是从物品本身的特性出发，而是从其决策过程的"公共性"出发来界定"公共物品"，指出"人们观察到有些物品和服务是通过市场制度实现需求与供给的，而另一些物品与服务则是通过政治制度实现需求与供给的，前者被称为私人物品，后者则被称为公共物品"[4]，从而从人的一方而非物的一方阐释了公共物品的

---

[1] P. A. Samuelson, "The Pure Theory of Public Expenditure", *The Review of Economics and Statistics*, 1954, Vol. 36, No. 4, pp. 387 – 389; P. A. Samuelson, "Diagrammatic Exposition of a Theory of Public Expenditure", *The Review of Economics and Statistics*, 1955, Vol. 37, No. 4, pp. 350 – 356.

[2] T. Sandler & J. Tschirhart, "Club Theory: Thirty Years Later", *Public Choice*, 1997, Vol. 93, No. 3 – 4, pp. 335 – 355.

[3] Y. Barzel, "The Market for a Semipublic Good: The Case of the American Economic Review", *The American Economic Review*, 1969, Vol. 61, No. 4, pp. 665 – 674.

[4] 詹姆斯·M. 布坎南：《公共物品的需求与供给》，马珺译，上海人民出版社，2017，第 1 页。

内涵，区别于之前的主流理论。"如果说新古典范式下主流公共物品理论的出发点是'物品特性决定人的行为'，即非竞争性和非排他性等客观属性决定了公共物品，那么交易范式下公共物品理论的出发点则是'人的行为决定物品特性'，一种物品是否属于公共物品，关键在于人们是否诉诸集体决策。"①

制度学派认为，公共物品是一种制度安排，存在公有产权，其交易受交易成本的制约②。这种观点受到了质疑，有学者认为公共产权的产生逻辑不应仅停留在非竞争性和非排他性的消费特性上，也不应仅归因于单一的"搭便车"困境，还应从外部性视角考察公共物品的概念③。

(2) 公共物品的资源配置困境

公地悲剧最早由哈定提出："每个人都被锁进一个系统。这个系统迫使他在一个有限的世界上无节制地增加他自己的牲畜。在一个信奉公地自由使用的社会里，每个人追求他自己的最佳利益，毁灭是所有人趋之若鹜的目的地。"④ 公地悲剧后被抽象为囚徒困境模型，"在囚徒困境的博弈中，每一个参与者都有一个占优策略，博弈双方的占优策略构成了博弈的均衡结局，然而博弈均衡结果并不一定是帕累托最优结局。相反，个人理性的博弈过程与战略选择却导致了集体行动的悖论"⑤。换言之，公共物品的优化配置面临集体行动的困境，即"搭便车"问题。奥尔森指出，"搭便车"问题是指由于参与者不需要支付任何成本而可以享受到与支付者完全等价的

---

① 张琦：《布坎南与公共物品研究新范式》，《经济学动态》2014年第4期。
② 张五常：《经济解释——张五常经济论文选》，易宪容、张卫东译，商务印书馆，2000，第427～431页。
③ 约瑟夫·E. 斯蒂格利茨：《公共部门经济学》（第三版），郭庆旺等译，中国人民大学出版社，2005，第110～116页。
④ G. Hardin, "The Tragedy of the Commons", *Science*, 1968, Vol. 162, No. 3859, pp. 1243-1248.
⑤ 沈满洪、谢慧明：《公共物品问题及其解决思路——公共物品理论文献综述》，《浙江大学学报》（人文社会科学版）2009年第6期。

物品效用①，这种行为涉及公共物品成本分摊的公平性问题，也会影响公共物品能否持续的问题。

如何解决"搭便车"问题呢？奥尔森认为，这与集团规模有关，在"选择激励"的条件下，多数集团不能向自己提供最优数量的集体物品，但是小集团成员间具有相互讨价还价的激励因素，最小的集团一定能够通过其成员的讨价还价来实现集体物品的最优供给。② 其他学者大都强调私人偏好信息传达方面。Hori 认为一些公共物品消费总与一定的私人物品消费联系在一起，于是人们可以通过对私人物品的个人偏好来刻画他们对公共物品的偏好。③ Hurwicz 机制要求每个私人传递包括数量与价格方面的信息；Walker 机制要求每个私人传递服务于数量与价格的综合的单一信息；Tian 机制认为每个参与者的信息都是一个向量，包括参与者的私人物品财富、公共物品的价格、私人物品的价格与数量等信息；Bailey 机制是上述三种机制的替代性选择机制，是指单一拍卖商的林达尔税在真实的林达尔-帕累托最优框架下存在纳什均衡④。

（3）公共物品的供给方式

公共物品的供给方式包括政府供给、私人或市场供给、自组织或自愿供给以及联合供给。政府供给是对市场失灵的反映，部分学者认为政府提供公共物品是对市场失灵的当然替代方案⑤。然而，随着民众对公共服务需求的扩张及膨胀，政府供给在实践中出现的弊

---

① 曼瑟尔·奥尔森：《集体行动的逻辑》，陈郁、郭宇峰、李崇新译，格致出版社、上海三联书店、上海人民出版社，1995，第 96~97 页。
② 曼瑟尔·奥尔森：《集体行动的逻辑》，陈郁、郭宇峰、李崇新译，格致出版社、上海三联书店、上海人民出版社，1995，第 215 页。
③ H. Hori, "Revealed Preference for Public Goods", *The American Economic Review*, 1975, Vol. 65, No. 5, pp. 978–991.
④ M. J. Bailey, "Lindahl Mechanisms and Free Riders", *Public Choice*, 1994, Vol. 80, No. 1-2, pp. 35–39. 转引自沈满洪、谢慧明《公共物品问题及其解决思路——公共物品理论文献综述》，《浙江大学学报》（人文社会科学版）2009 年第 6 期。
⑤ 詹姆斯·M. 布坎南、里查德·A. 马斯格雷夫：《公共财政与公共选择两种截然对立的国家观》，类承曜译，中国财政经济出版社，2000，第 1 页。

端日益显现，诸如成本过高、官僚作风、反应迟缓等，出现了"政府失灵"现象。依靠官僚制提供公共服务的模式面临挑战，一些新的方案被陆续提出。

一是私人供给。Beesley 和 Littlechild 认为，引入私人竞争可以提高公共服务的效率并更好地保护消费者的利益；私人部门或非政府组织参与到公共服务的供给中来，能够缓解地方政府资金的不足；一般公众参与到公共服务的供给中来，可以减少政府部门在公共服务中的腐败行为，促进义务性服务网络的出现，增加政府官员"不作为"的道德成本[1]，但私人部门对利益的追求会忽视其应承担的社会责任[2]。

二是自愿供给。奥斯特罗姆的研究表明，政府或市场不是应对公共事务问题的唯一解决方案，通过自组织的方式也可以管理公共物品。[3] 个人为自愿组织捐资主要出于个人经济利益、物质利益及精神利益三大动机[4]，实践中不乏自愿合作提供公共物品的案例[5]。

三是联合供给。布坎南认为，解决公共物品的外部性问题有两条路径：一是交易双方规模较小时，通过一般的交易过程实现帕累托最优；二是当交易双方规模较大时，通过政治过程的运转来达到最优状态。[6] 该理论阐释了在不同的规模条件下公共物品供给方式的不同选择。奥斯特罗姆夫妇等人提出"多中心治理"，强调政府与社

---

[1] M. Beesley & S. Littlechild, "Privatization: Principles, Problems and Priorities", *Lloyds Bank Review*, 1983, reprinted in *Bishopetal*, 1994.

[2] J. Emst, *Whose Utility? The Social Impact of Public Utility Privatization and Regulation in Britain*, Open University Press, 1995.

[3] 参见埃莉诺·奥斯特罗姆《公共事物的治理之道：集体行动制度的演进》，余逊达、陈旭东译，上海译文出版社，2012。

[4] D. J. Young, "Voluntary Purchase of Public Goods", *Public Choice*, 1982, Vol. 38, No. 1, pp. 73 – 85.

[5] J. Falkinger, E. Fehr & S. Gachter, et al., "A Simple Mechanism for the Efficient Provision of Public Goods: Experimental Evidence", *The American Economic Review*, 2000, Vol. 90, No. 1, pp. 247 – 264.

[6] J. M. Buchanan, "Joint Supply, Externality and Optimality", *Economics*, 1966, Vol. 33, No. 132, pp. 404 – 415.

会的合作，通过一种多中心的制度安排和结构设计提供公共物品。①

基于市场失灵的公共服务研究立足于两个制度性前提，即自由资本主义制度和西方民主制度。前者强调市场在资源配置中的基础性及决定性作用，后者强调公共服务中的民主参与及政府的有条件介入，西方主要研究理论大都服从于这两个制度性大构架。这一点与我国在自上而下的行政体制下，政府在公共服务及社区服务中起决定性作用的情况大相径庭。

（三）社区参与和助人自助——社区工作视角下的社区服务

社区工作是在现代化进程中为应对不断出现的社会问题而产生和发展起来的。在资本主义早期工业化、城市化进程中，为解决城市无收入或低收入人群及无劳动能力老年人的生存问题，西方国家为其提供救济服务，具有明显济贫的性质。1601年英国颁布的《伊丽莎白济贫法》确认了政府对弱势群体的保障责任，被称为世界上最早的社会保障法。德国在18世纪末推行的汉堡制和在19世纪中期推行的爱尔伯福制倡导社区内部成员自我服务、志愿服务，将社区作为济贫、救助单位。19世纪末的英美出现了一些如慈善组织会社、社区睦邻服务中心等以济贫为主要功能的社区服务组织。美国一些地方还设立了社区服务机构，如纽约的"社邻辅导处"、芝加哥的"邻舍会馆"等，试图倡导成员志愿互助提供社区服务。20世纪30年代以后，随着福利国家的兴起，发达国家的社会福利制度不断完善，社区服务更多地受到政府公共服务的眷顾。

二战后，一些西方国家在经济快速增长的同时，也出现了一些问题，如失业、贫困人口激增、青少年犯罪以及由于家庭结构变化

---

① 参见迈克尔·麦金尼斯主编《多中心体制与地方公共经济》，毛寿龙译，上海三联书店，2000；埃莉诺·奥斯特罗姆：《公共事物的治理之道：集体行动制度的演进》，余逊达、陈旭东译，上海译文出版社，2012。

带来的老年人问题、妇女和儿童保护问题等。面对这些问题，这些国家意识到单靠政府难以解决所有社会福利及服务问题，于是开始尝试逐步将社会服务的供给向社区及其他社会组织转移，力图通过多种社会力量共同应对。联合国经济及社会理事会在1951年通过了390D号议案，决定建立社区福利中心，以推动全球经济及社会发展。之后，"社区福利中心计划"改为"社区发展计划"。1955年联合国社会局在《社会发展经由社区发展》一书中提出了社区发展的十条基本原则，希望通过社区发展来解决社会公共服务供给问题。之后，发达国家陆续开展了一些社区发展项目，提供社区服务：英国20世纪60年代推行以解决贫困为主要目标的"社区发展工程"；美国20世纪50年代开始在一些城市成立社区组织委员会以推进社区建设，此后，历届美国政府都将社区建设作为应对社会问题，甚至再造政府、复兴美国的重要手段；澳大利亚政府从1983年开始先后实施了"地方政府社区发展""家庭和社区护理区"等一系列项目；德国、加拿大等国家政府通过直接投资、税收优惠、购买服务等多种措施支持社区发展；法国通过城市共同体、聚居区共同体、村镇共同体等不同等级的组织为社区居民的参与和合作提供公共服务。①

20世纪二三十年代，以梁漱溟、晏阳初为代表的乡村建设运动可谓是中国版的早期社区建设的典范。梁漱溟主持推动的乡村建设实验，通过乡农学校把农民组织起来，试图培养农民关心并参与公共事务的精神，提高乡村自治能力。同时，此乡村建设实验也涉猎更为广泛的项目，社会改良方面包括禁烟、禁赌、兴办合作社、鼓励妇女放足等，农业生产方面包括传授和推广农业技术等。乡村建设的另外一位代表人物是晏阳初。他将中国问题归因于农村问题，同时认为农村的根本问题在于人的素质问题，试图通过"平民教育

---

① 李凤琴：《国外城市社区公共服务研究综述》，《广东青年干部学院学报》2011年第3期。

运动"解决中国人的愚、贫、弱、私四大问题。20世纪30年代,晏阳初在河北定县开展了为期10年的平民教育实验,其影响享誉世界。新中国成立后到集体化时期,农村以集体化的方式为农民提供统一却有限的社区服务,带有浓厚的计划经济色彩。直到20世纪80年代之后,在政府的推动下,以"社区服务"名义的社区工作才从城市社区发展起来,并逐渐拓展至农村社区。

社区工作具有强烈的人文关怀与现实介入性,这也决定了其提供社区服务的独特性。美国社会工作者协会在1999年修订的《伦理守则》中总结了社会工作的6个价值,其中就包括人的尊严和价值,同时提出的6个伦理原则中也包括社会工作者应尊重与生俱来的尊严和人的价值。作为社会工作三大方法之一的社区工作,同样注重人的尊严和价值,认为"人都有发展潜力,人都希望改变也能改变,社区成员能发挥处理社区问题的能力"①。正因为如此,包括弱势群体在内的社区成员处境的改善及福利的提高才成为社区工作的重要目标。乔治·布拉吉尔(George Brager)等认为,社区工作是一项为弱势群体请命、消解民困的工作。②

社区工作倾向于将社会问题归因于社会结构,而非个体因素,因此社区工作除了要求改变个人外,还要求改善所处的社会环境,这又是个体难以应对的,因而需要政府、社区及社会组织等协作介入。海科(C. Hick)认为,社区工作使社会上的弱势群体团结在一起,在社会改革中合力消除社会上存在的结构性障碍。③ 于是,社区工作的主要目标为改变既有社会结构,试图通过向社区成员赋权实现对现存制度的改革,以增进其福祉。瓦思(Antony A. Vass)认

---

① 顾东辉主编《社会工作概论》,复旦大学出版社,2008,第154页。
② George Brager, Harry Specht & James L. Torczyner, *Community Organizing*, *United States*: *Community Organization*, Columbia University Press, 1987.
③ C. Hicks, "Reluctant Empiricists: Community Mental Health Nurses and the Art of Evidence-based Praxis", *Health and Social Care in the Community*, 2002, Vol. 10, No. 4, pp. 287 – 298.

为，社区工作组织或机构经常处于政府和居民的中间位置，为居民争取福利，社区工作可以在现存的制度内力求改革，以配合制度以外的抗争运动，取得里应外合、相辅相成的效果。①

社区工作通过何种方式解决结构性问题呢？一是社区参与。从社区工作角度来看，民主参与既能体现人的尊严与价值，同时也能"提升个人、团体乃至整个社区的政治意识、合作意识和解决问题的能力"②。1956年联合国指出，社区发展"要通过官民之间的合作，改善社区内经济、社会及文化上的状况，拉近这些社区与整个国家的距离，促使他们为国家的进步做出贡献。在这个过程中既要促进居民的参与和自力更生的能力，去提高生活水平，又要提供技术和其他服务，去激发居民的主动意识、鼓励居民自助和互助"。社区工作理论认为，社区成员对自身问题及需求最为了解，有责任自负其责，参与本身也会促进其社会角色的完善，这对社区而言本身就是一种重要的资源。Rothman认为，社区工作旨在促进社区居民一般能力的提高，建立社区内不同群体的合作关系，发掘及培育社区领袖参与社区事务，增强社区成员解决问题的能力和技巧等。③ 社区参与并非个体化的参与，而是鼓励社区成员之间合作与协调，社区工作旨在协助居民解决维系问题，并培养、加强及维持居民拥有参与、自决及合作的素质。④ 社区工作遵循的是助人自助原则，社区工作的介入致力于提升社区成员解决问题的能力，Melvin Delgado将增进社区能力作为一个中心目标⑤。这种社区能力既包括不同群体的处事能

---

① Antony A. Vass, "Law Enforcement in Community Service: Probation, Defence or Prosecution?", *Probation Journal*, 1980, Vol. 27, No. 4, pp. 114 – 117.
② 中国社会工作教育协会组编、徐永祥主编、孙莹副主编《社区工作》，高等教育出版社，2004，第51页。
③ J. Rothman, *Strategies of Community Intervention (6th Edition)*, F. E. Peacock Publishers, 2001.
④ H. W. Dunham, *Community and Schizophrenia: An Epidemiological Analysis*, Wayne State University Press, 1965.
⑤ Melvin Delgado, *Community Social Work Practice in an Urban Context*, Oxford University Press, 2000.

力与技巧，也包括社区不同主体之间的合作能力及社区凝聚力。托马斯认为，"社区工作目标之一是分配资源，即组织成员就日常切身事情，争取合理而平均的资源调配；目标之二是发展市民，即促进公民权的发展和促进社会发展，前者包括培养基层市民的政治责任感，后者指培养其社区凝聚力，增进其相互交往及增加对社区的归属感"①。

二是利用社区资源。社区工作既要发挥社会工作者的专业能力、激发社区成员的潜能，也要充分开发和利用社区内外的各种资源。M. Bayley 将社区照顾区分为"在社区照顾"和"由社区照顾"两类，前者是指由政府或非政府组织在社区里建立小型化、专业化的服务机构，发展以社区为基础的服务设施，在社区内为被照顾者提供生活服务；后者则是非机构式的、非住宿式的、非隔离式的照顾模式，由被照顾者接受由地方政府、组织、家人、朋友、邻居及社区内专业、非专业的志愿者所组成的综合性照顾，是一系列的支援性服务，通过社会各方的通力合作，在社区中构成一个照顾网络体系。②可见，其中涉及广泛的社会主体及其资源。在社区工作中，社区资源涉及两个方面。第一个方面是原始资源，包括人员、设备、金钱等物质或技术等，这是社区工作得以开展的基础资源。然而，这些基础资源并非直接服务或赠予社区成员，而是作为撬动社区内外其他资源的原始资源。这就涉及第二个方面的资源，即社区内外可资开发或利用的资源，这些资源并不一定能够直接加以利用，而是需要社区工作者开发或联结。社区资源的丰富既包括参与社会主体或物质资源的丰富化，也包括社区组织力、凝聚力及资源利用能力的增强。

社区工作视角下的社区服务研究及实践，将专业社会工作组织

---

① D. N. Thomas, *The Making of Community Work*, London: George Allen & Unwin, 1983. 转引自顾东辉主编《社会工作概论》，复旦大学出版社，2008，第133页。
② M. Bayley, *Mental Handicapped and Community Care*, Routedge and Kegan Panl, 1977.

看作社会的一个独立主体，致力于通过社会工作介入达到助人自助的目的，以解决弱势群体面临的个体特别是结构性问题。这种视角假定了社会工作组织的独立性、资源来源渠道的多元性以及社区参与框架的民主性，这与我国社会工作组织对政府体制的依赖性、资源来源渠道的单一性以及民众接受服务的被动性现状背道而驰。

总之，既有的研究成果大多从社区服务本身探讨其供需关系、供给机制，较少从更为宏观的角度来审视。本研究基于我国特有的社会政治体制，从体制性空间的视角考察农村社区服务，一方面弥补了现有社区服务研究忽视体制环境、倾向应然研究的不足，另一方面将社区服务置于更广阔的体制空间，拓宽了社区服务研究的视野，有利于深入理解我国农村社区服务的约束条件及供给逻辑。

三　分析框架

我国农村社区服务体系涵盖了满足社区成员生产生活所必需的基本公共服务、互助服务和市场化服务三个部分。社区服务不仅是特定社区范围内的事情，也是开放条件下不同社区成员间的互动过程，还是现代社会中国家与民众在特定社区范围内互动的结果。换言之，社区服务不仅由于植根于特定的地域涉及一定的地理空间，而且与社会性建构特别是体制性建构起来的空间有很大的关系。基于此，本研究试图从体制空间角度，审视农村社区服务中国家、乡村组织以及农民之间的互动关系，展示现行体制如何设定和影响农村社区服务，在此特有的体制空间下社区服务何以运行、如何运行。

体制空间是社区服务得以开展的体制环境。社会主体行为都是在特定的体制框架内进行的，反言之，社会主体行为的合法性受到相应体制的约束。所谓的体制框架，从形式上看，既包括法律制度，也包括政策体系；从覆盖范围上看，既涉及统辖全国范围的法律体系与政策体系，也指某一地方辖区范围内的法律体系与政策体系。

从一定意义上而言，体制空间是社会主体行为的社会约束，同时也是其行为的合法性认定。

体制空间对农村社区服务的限定，除了上述法律及政策规定外，还通过政府行动过程发挥作用，主要体现在两个方面：一是各级政府通过科层系统自上而下地传达相关政策，使社区服务政策转变为社区服务；二是政府通过对民间社区服务的干预，即支持或否定，认定其合法与否，令行禁止。

当然，农村社区服务主体并非体制空间的木偶，而是具有特定的行动空间。行动空间包含两层含义。第一，在特定的体制空间下，行为者有一定的自主性。由于体制空间适用的相对普遍性，以及地方多样性、事务多变性、利益多元化，导致其只是设定了人们行为的范围，明确了"什么是合法的"这一问题，并未明确也无法明确"如何行为"这一问题，因此在体制空间下的行为者有了特定的行动空间。第二，相对于上级或其他行为主体，行为者有其自主性。在行政链条中，下级政府总是面临着上级政府的层级压力，其行为受到上级政府的管束，但这种压力与管束并不是无孔不入的，也不是时刻监控的，而是有"上有政策，下有对策"的策略性空间。这一点同样也适用于乡村社区组织。

农村社区服务都是在特定社区内发生的，因而也存在特定的社区空间。所谓社区空间涉及两个层面的问题。一是社区自有空间。任何社区都包含一定的人口、一定的地域、一定的社会纽带，这决定了居民在特定社区的生存资源及生存空间，也规定了社区作为社会共同体的存在方式。社区自有空间更多地与其先天条件有关，如自然资源、地理环境、人口结构、历史传统、风俗习惯以及社会组织方式等。二是社区竞争性空间。在日益开放的社会条件下，社区与外界联系愈发紧密，其发展空间越来越多地与外部资源的可获得性有关。换言之，能否获得以及可以获得多少外部资源，决定了社区发展空间的大小，而外部资源是在与其他同辖区或同类别社区竞争中获得的，故称之为社区竞争性空间。

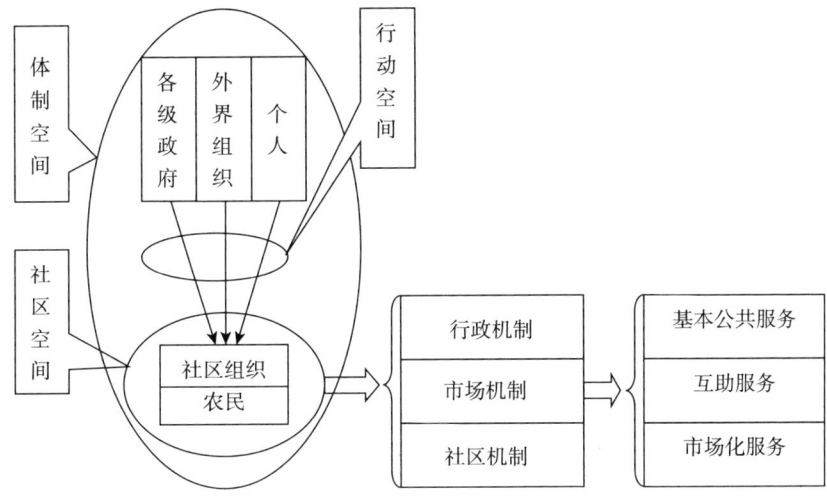

图 0-1 分析框架

综上，农村社区服务是在特定的体制空间下，各级政府、外界组织、个人，社区组织、农民等社区服务主体，在农村社区空间内通过行政机制、市场机制和社区机制提供基本公共服务、互助服务及市场化服务的过程。这也是本研究的分析框架，如图0-1所示。

四 研究方法

本研究本着可行性原则，分别在山东、湖北各选取了若干农村社区，采用定性研究为主，定量研究为辅，两者相结合的方法进行研究。

一是实地调查。在实地调查中访谈了五类人群，包括农民、农民工、社区外来人员、社区内各类服务组织成员及负责人、当地政府官员及相关部门负责人。课题组深入访谈人数超过100人；实地调查了山东、湖北两个省、多个地市的农村社区30余个。整篇研究报告的分析中都包含了这些实地调查所获取的资料。另外，通过参与式观察的方法，课题组对山东省L村葬礼仪式中的互助服务进行了考察。

二是问卷调查。问卷调查主要包含两个部分。一是2013年寒假期间，课题组选拔华中农业大学学生作为调查员，被选为调查员的大学生们对各自家乡进行的问卷调查。此次问卷调查涉及包括湖北、山东、河南、江苏、四川、浙江、贵州、湖南、安徽、广西、河北、天津、山西、陕西、福建、内蒙古16个省级行政单位，共发放问卷2209份，回收问卷2209份，其中有效问卷2121份，所采用的问卷为《农村社区服务状况调查问卷》（见附录一），并对调查数据进行了描述性分析，其分析结果主要体现在本书第三章。二是2015年对鄂东四村进行的村村通公路的问卷调查。此次问卷调查采用随机抽样的方法，选取400名农民作为样本，发放问卷400份，回收问卷400份，其中有效问卷400份，问卷回收率为100%，问卷有效率为100%。课题组所采用的问卷是《湖北省"村村通客车"状况调查问卷》（见附录二），将问卷调查所得数据录入SPSS 17.0数据库并进行分析，分析成果主要体现在本书第五章。

三是文献研究。文献资料有两类：调查地各级政府及部门与农村社区服务相关的统计数据、政策法规等；调查地的相关会议记录、工作笔记、总结汇报材料、统计报表、规章制度等相关文献资料。文献资料根据研究需要并参照其他类型去粗取精、去伪存真，贯穿整个研究过程。

五　核心概念

（一）农村社区服务

农村社区服务是指政府以及农村社区范围内的其他社会主体，为满足居民的公共性基本需求而进行的有偿的或无偿的、有组织的社区活动，主要体现为基本公共服务、互助服务及市场化服务三种类型。其内涵涉以下几个层次。

首先，农村社区服务的主体，既包括社区内部的组织，如社区组织、家族或宗族组织、地缘性互助组织等，也包括社区外部组织，如政府部门、社会组织、社工机构等。宏观而言，不同的农村社区，其社区服务各不相同，呈现多元化趋势；微观而言，在特定的农村社区，社区服务主体往往是相对固定和单一的。

其次，农村社区满足的是一种公共性基本需求，而非个体需求。所谓公共性基本需求，就是全部或多数社区居民对公共设施或集体服务的基本需要，这些基本需要是社区居民生产生活所必需的，却又难以依靠个人或家庭提供，一般需要通过不同的社区主体集聚社区内外部资源、采取集体行动，因而表现为有组织的社区活动。

再次，农村社区服务可以有偿，也可以无偿。农村社区服务资源的来源是多样的，诸如自筹、政府出资、社会筹款，或是提供志愿服务、社工服务等，但是提供社区服务的目的不是营利，这区别于企业组织。即使是有偿的社区服务，如市场化服务，也是社区居民生产生活所必需的，如提供农药化肥等基本农资、通信网络及乡村道路等基本设施等。

最后，农村社区服务的类型主要表现为基本公共服务、互助服务、市场化服务三种类型，三者共同构成农村社区服务体系。三者之间的界限不是收费与否，而只是社区服务资源的来源差异，三者都是满足社区居民的公共性基本需求的。

（二）体制空间

体制空间是指农村社区服务所运行的、政府规定的外在条件及约束范围，即社区服务的资源来源、组织形式、供给方式受到现有体制框架的制约。农村社区服务的供给是在特定的社会政治体制中进行的，一定意义上意味着资源配置方式为"行政为主，市场为辅"。农村社区服务同样是在这样的框架内进行的，并直接受制于此。简言之，农村社区服务是在体制框架下，凭借着行政化的组织方式及资源配置方式，提供有限公共服务的过程。之所以说是"有限"，一方面由于自上而下的组织方式及资源来源方式，社区服务存在信息不对称，特别是存在唯上不唯下的倾向性，使之难以与社区需求完全吻合；另一方面由于市场化的激励方式使自上而下的资源处于竞争状态，社区服务的非均衡性在社区间加剧，使贫弱社区陷入更为艰难的境地。

六　行文脉络及篇章结构

（一）行文脉络

本研究沿着明暗两条线索展开论述。所谓明线，就是按照农村社区服务的类型，即基本公共服务、互助服务及市场化服务三种类型展开研究。沿着这条线索，笔者试图揭示不同类型社区服务的供给逻辑，以展示各种类型农村社区服务的独有特性及其相互之间的差异性，从而为构建基本公共服务、互助服务、市场化服务共同构成并且相辅相成的农村社区服务体系提供依据。

所谓暗线，就是沿着"体制空间－行动空间－社区空间"的线索展开研究。在特定的体制空间内，在政府为主导，各种社会主体、社区组织及农民参与下，沿着现有的组织框架（以政府的行政组织为主），通过行政机制、市场机制、社区机制提供农村社区服务。在这个过程中，农村社区服务的各主体拥有各自的行为策略，也有特定的行动空间，加之每个农村社区有特定的社区空间，使各地方农村社区服务呈现多样性的样态，但是这些皆处于体制空间的约束之下。按照这一线索，笔者试图揭示农村社区服务的体制逻辑与供给轨迹，展示农村社区服务是如何在行政式的组织框架内开展的。

（二）篇章结构

本研究报告共分为七部分，第一部分为导论。第一章至第五章是研究报告的主体章节,首先梳理了农村社区服务的历史演进,并对当前基本公共服务、互助服务、市场化服务等服务机制分别进行了类型化阐释。其次,在问卷调查基础上对我国农村社区服务现状进行了概况性描述。最后,分别对农村社区医疗卫生服务、社区交通服务以及两个社区互助服务个案进行了考察。第六章为总结部分,在阐释当前农村社区的体制空间基础上,总结了农村社区服务体系的构成及其三种运行机制,并提出了构建农村社区服务体系的对策建议。具体章节安排如下。

导论。介绍了本报告的问题意识,并从共同体视角、公共服务视角、社区工作视角梳理了已有的学术研究成果,厘清了研究方法及目的,对分析框架和核心概念进行了阐释。

第一章,农村社区服务的历史沿革。本章在梳理农村社区服务体制演进的基础上,指出了不同时期的社区服务模式都是在特定的体制空间内得以实施的,并且深植于当时的宏观社会结构。因而社区服务绝不仅是社区内部的事务,反而恰恰是国家战略的体制性后果。从我国的实践来看,农村社区服务经历了由"社区自给"到"国主民辅"的转变过程,逐渐形成了基本公共服务、社区互助服务、社区市场化服务三种类型的社区服务机制。本章重点对三种类型的社区服务机制进行了类型化阐释。

第二章,农村社区服务的供给现状。本章基于对全国16个省级行政单位的问卷调查,指出在城市化、工业化及市场化的进程中,农村社区日益开放及流动,社区成员随之异质化。在这种背景下,与传统社区密切相关的户籍、土地等因素对社区成员的身份认定日益式微,农村社区服务边界日益模糊。同时,农村社区服务的供给与农民需求之间的差距非常明显。

第三章,基本公共服务的社区化实现——以农村社区医疗卫生服务为例。本章在实证调查的基础上,指出农村社区医疗服务一开始就是被国家所设定,并通过上级压力层层推动,以兑现社区医疗服务被赋予的国家目标及民众期待。于是，农村社区医疗服务被深深地刻上了科层化烙印，从而导致了其唯上性及垄断性的后果。处于医疗卫生行政网络之中，包含农村社区卫生室在内的各种主体，不仅是公益主体或代表，还是医疗市场中的利益主体，各种逐利行为的发生在所难免，而这些逐利行为是在国家特定的市场化激励机制下发生的。农村社区医疗服务既然是在社区空间内实施的，无论是行政干预还是市场介入，特定社区的地方性知识都会重新形塑医疗卫生服务的社区意义。

第四章，农村社区服务的运动式供给——基于鄂东四村的调查。本章在对鄂东四村的社区交通服务进行调查的基础上，指出其运动式社区服务由省级政府发动，经由"省－市－县－乡（镇）"的行政链条，辅之以各级政府机关单位、部署高校等组成的驻村工作组，最终到达村庄及居民。村庄受到行政传感影响，动员村庄内外资源回应自上而下的运动式社区服务。能否达成省级政府所期望的合法性重塑与提升，则取决于运动式社区服务在农村社区取得的实效，即其能否与农村居民社区公共交通服务需求相吻合。

第五章，农村社区服务的互助供给——对两个社区互助服务个案的考察。本章所考察的两个社区互助服务个案，即葬礼中的社区互助服务、村组道路修建中的社区互助服务，属于两个不同的互助类型，遵循不同的行为逻辑，其在参与主体、互助规则、行为目标、成本分摊、惩罚机制、社区边界、互助预期等方面各有差异。

第六章，结语：体制空间下农村社区服务体系及其重建。本章是对研究报告的总结，指出农村社区服务是在政府规定的体制空间、有限度的行动空间、相对狭小的社区空间内进行的。在此过程中基本公共服务、社区互助服务、社区市场化服务所构成的农村社区服务体系在行政机制、市场机制、社区机制作用下运行。最后，提出了重建农村社区服务体系的路径选择，即构建以居住地为基础的社区服务边界，完善农村社区服务体系。

第一章

农村社区服务的历史沿革

一 新中国成立以来农村社区服务体制演进

从我国的实践来看,农村公共服务经历了由"社区自给"到"国主民辅"的转变过程,并且这个过程正在进行中,公共服务的责任承担主体正在转移到社区之外。不同时期的社区服务模式都是在特定的体制空间内得以实施的,并且深植于当时的宏观社会结构。长期以来,无论是"社区自给"还是"国主民辅",国家对社区服务的体制规定性非常强大,即将社区服务纳入国家宏观发展战略中,因而社区服务绝不仅是社区内部的事务,反而恰恰是国家战略的体制性后果。

新中国成立以来,农村社区服务大体经历了人民公社时期、税费时期、后税费时期三个阶段。新中国成立后,中央政府开始着手进行社会主义改造与建设,主要是通过土地改革、粮食三定(定产、定购、定销)以及农业集体化运动,最终建立人民公社体制。这一系列变革使国家权力逐渐深入乡村社会内部,之前国家、士绅或地主、农民的三元结构逐渐被国家与农民的二元结构所取代,"旧的以分散、自立的小农经济为基础的政治经济体制被巨大的、以集体化和计划经济为基础的党政体制所取代"[①]。根据1962年颁布的《农村人民公社工作条例修正草案》，即《农业六十条》，农村人民公社是政社合一的组织，是我国社会主义社会在农村中的基层单位，又是我国社会主义政权在农村中的基层单位。这种体制基本确定了农村社区服务的范围——人民公社，而人民公社是全国城乡战略、工农战略中的一部分，这进一步决定了当时社区服务的组织方式、供给形式及承担主体，从而使当时出现了"社区自给"模式，即通过集体组织的人、财、物实现社区服务的自给自足。

人民公社时期实行"三级所有、队为基础"的原则，生产队是基本核算单位，土地及生产资料归集体所有，生产队独立组织生产，并且在收入分配中占有很高比例。根据有关资料分析，1957年的农村收入分配比例大体是国家税收占10%~11%，集体提留占33%~35%，社员分配占54%~55%；1965年的分配比例是国家税收占5.73%，集体提留占39.93%，社员分配占54.34%。[②]于是，生产大队、生产队成为社区服务的直接供给主体。在社区服务的供给方式上，通常实行"一平二调"，即平均分配和对生产队劳动力和物资的无偿调用。"文革"时期，出现了大队办小学，管区和公社办初中、高中的局面，其中校舍、民办教师工资等大都由集体承担。当时，很多生产队建立起公共食堂、幼儿园、理发室、公共浴室、红专学校等，承担起社区服务的功能。可见，这个时期的社区服务呈现"泛公共化"倾向，即公私不分、以公代私。

改革开放后，我国逐渐从计划经济体制向市场经济体制转型，国家与农村社会关系也发生了重大变化。家庭联产承包责任制改革后，农村生产经营主体从集体转向家庭，资源分配从国家计划向市场配置转变。与此同时，农村社区服务承担主体开始从"泛公共化"

[①] 刘豪兴主编、徐珂副主编《农村社会学》，中国人民大学出版社，2004，第149页。
[②] 余红：《中国农民社会负担与农村发展研究》，上海财经大学出版社，2000，第68页。

的集体统揽向农户家庭转移,并更多地依靠市场途径和民间合作。在这个时期,一方面计划经济时期行政管制的惯性依然存在,另一方面市场化、个体化倾向开始显现,于是农村社区服务呈现"成本家户承担、服务行政组织"的模式。

从社区服务成本分摊方面看,这个时期基本遵循"取之于民,用之于民""谁受益,谁负担"的原则,由社区(大多以村庄为单位)根据受益程度的大小进行集资,同时政府给予一定的财政补贴。于是,"国家投一点、集体筹一点、农民缴一点"成为此时政府所倡导的筹资模式。然而,农村社区服务中的公共服务部分主要由农民负担,但是农民所缴纳费用又不是全部用于公共服务,还包括基层政府组织正常运转、教师工资等费用的支出,最终使农民负担偏重。县乡政府部门和村级组织是农村公共服务的主要组织者和执行者,公共服务的资源及提供基本是在县乡村范围内实现,面临着"上级请客,基层买单"的尴尬境遇。农民则不满于"七个八个大盖帽,来管一顶大草帽","头税轻(国家税)、二税重(合同内的三通两提)、三税(集资、摊派、行政收费等合同外社会负担)是个无底洞"。[①]

从社区服务的集体参与与组织方面看,社区组织(村"两委")、家庭或个体成员都成为社区服务的参与主体,后者在一定程度上依然受前者的行政管束。农户除了在费用负担上分摊社区服务成本(按农村劳动力或人口分摊的"三提五统")外,还要投入劳动力,即成为劳动积累工和农村义务工。

可见,这个时期的农村社区服务供给主要依靠制度外的资源供给、行政半强制组织来实现。

进入21世纪之后,随着经济社会的快速发展,城乡之间的差距日益拉大,农民在公共服务方面的沉重负担凸显,严重影响了整个社会的健康发展。在此背景下,"以城带乡、以工哺农"战略被提上

---

① 王春光:《农村社会分化与农民负担》,中国社会科学出版社,2005,第78页。

政策议程。2000年之后全国各地陆续进行税费改革，免除了"三提五统"与对农民的体制外集资。原来以"三提五统"为基础的社区福利、义务教育、基础设施、计划生育及民兵训练等社区公共服务承担主体开始上移，由原来的社区转移到县级及以上政府。换言之，公共财政负担面进一步扩大，社区自给负担面进一步缩小。"农村基本公共物品的供给水平随着社会经济的发展而相应提高，公共物品的社区供给模式发生了明显演变，由人民公社时期高度计划性的集体供给转向以市场为中介、私人消费为补充的集体供给，供给种类和范围不断收缩。目前公共财政投入明显扩大，意味着国家将试图进一步区分市场化供给与非市场化供给、国家供给与社区供给。然而，尽管经历了以上局部制度变迁，迄今农村基本公共物品的社区供给制度并没有完成其根本转型，没有改变其以国家政策为主导、社区资源为基础、消费范围社区化（不可携带性）的基本特征，目前仍是市场中介与集权化行政运作并存的体制。国家对行政运作的'路径依赖'排斥了社区参与（决策、监督）的可能。"[1]

总之，在新时期，市场化的发展思路已经逐渐主导农村社区公共服务的整体运行，即使是集权式的行政运作体制也掺杂了市场运作的成分，在一定程度上抵消了"公共服务"的公共程度及其蕴含的公平程度。在这种条件下，农村社区公共服务水平在很大程度上依赖于社区组织或社区内的成员运用市场手段的竞争能力，诸如南街村之类的超级村庄是这方面的杰出代表，而当前项目制主导下的公共财政对农村社区服务的资源输入使其呈现强烈的竞争性，农村社区之间的差距越来越悬殊。也就是说，公共财政资源通过集权式体制及市场竞争的方式输送到农村社区，农村社区能否获得或获得多少不仅取决于其人口规模，还取决于其竞争能力，这种竞争能力则与其前期的政治基础、经济基础密切相关。

---

[1] 高鉴国主编、高功敬副主编《中国农村公共物品的社区供给机制》，山东人民出版社，2009，第51页。

社区服务供给体制大体经历了三个阶段，其基本特征如表1-1所示。①

表1-1 社区服务供给体制演进

历史分期 范畴与因素	人民公社时期 （50年代~70年代末）	家庭联产承包责任制时期（80年代末~90年代末）	税费改革时期 （2000~2005年）
社会政策背景	全盘集体化、二元社会结构	自主经营、二元社会	税费改革、村民自治、城市化、二元社会结构
国家与社区关系	政社合一	政社不分	政社不分
公共物品（供给）的社会特征	社区供给：泛公共品化	社区供给：公共物品市场化	多元化供给：公共投入增加
主要筹资方式	集体农村税收、集体提留、"一平二调"	村组集体收入、"三提五统"、农民集资	多种资金来源并存、向公共财政过渡
人力资源形式	工分制劳务、农村义务工、劳动积累工	农村义务工、劳动积累工、"以工代赈"、以资代劳	经过临时调派和群众议事筹集"两工"
公共物品的种类	赤脚医生、保健站、集体食堂、五保户、敬老院、民办教师	合作医疗、五保供养、社会养老保险、"村村通电"	新型农村合作医疗、代课教师、五保制度、最低生活保障、道路"村村通"
公共物品治理或管理方式	"一大二公"、生产队为主（"三级所有、队为基础"）、一体性、强制性、非自主合作	乡镇为主、制度外供给、分级办学（"三级办学，两级管理"、准强制性）	一事一议、"以县为主，分级办学"、多元性、更多自愿性、自主合作
基本公共物品决策程序	自上而下	自上而下	自上而下

二 当前农村社区服务供给机制

就制度层面而言，农村社区服务制度涵盖了社区服务主体、服务对象及服务机制等三个方面的内容。由于省级以下政府在制度设

---

① 高鉴国主编、高功敬副主编《中国农村公共物品的社区供给机制》，山东人民出版社，2009，第48页

定方面的权力相对较小，此处所涉及的社区服务制度主要是指中央和省两级政府所做出的政策性规定，这些政策性规定事实上设定了各地社区服务性质、种类、标准，直接左右着社区服务的资源来源、服务主体、服务对象及服务方式。因此，农村社区服务制度对于社区服务最终实现水平具有举足轻重的意义。

2006年10月，中共十六届六中全会通过的《中共中央关于构建社会主义和谐社会若干重大问题的决定》提出，"积极推进农村社区建设，健全新型社区管理和服务体制，把社区建设成为管理有序、服务完善、文明祥和的社会生活共同体"。这是中央第一次在文件中使用"农村社区"概念。2007年党的十七大再次强调把城乡社区建设成为"管理有序、服务完善、文明祥和的社会生活共同体"。这标志着农村社区建设及社区服务受到中央政府的重视，并逐渐从制度上做相应调整与完善。

中央政府单独在农村社区服务方面的政策性规定并不是特别多，主要涉及两个文件，即《城乡社区服务体系建设规划（2016—2020年）》和中共中央办公厅、国务院办公厅印发的《关于深入推进农村社区建设试点工作的指导意见》（中办发〔2015〕30号）。省级政府关于社区服务的政策性规定大都依据这两个文件衍生而来。然而，农村社区服务的最终实施与落实是在我国整体的制度体系中进行的，包含户籍制度、财税制度等在内的制度设计不可避免地将会对其产生影响，因而农村社区服务制度包含但绝不限于这两个文件的规定。下面笔者将按照基本公共服务、社区互助服务及社区市场化服务三个方面阐述它们各自的制度规定。

（一）基本公共服务

当前我国农村社区服务中的基本公共服务部分的决策主体是国家，但是其社区服务形式及实现水平则与农村社区的落实程度有关，也与国家政策在地方的融合程度有关。随着经济社会的发展，基本公共服务的提供主体日益多元化、提供对象日益异质化、提供方式日益丰富。

1. 谁来提供——政府＋社区＋农民

（1）政府

我国政府体系是基本公共服务最为重要的提供主体，既是公共服务制度框架的提供者，也是贯彻基本公共服务政策的执行者。我国是一个民主集中制的国家，包含五级政府，即中央政府、省级政府、地市政府、县级政府、乡镇政府，上级政府授权给下级政府，下级政府向上级政府负责；同时，在各级政府中又包含不同的职能部门，各自负责特定的事务。我国基本公共服务从制度制定到政策传输，就是在这种政府体系中进行的。不同层级政府在基本公共服务提供中扮演着不同的角色。

中央政府是基本公共服务制度框架的制定者，并且在特定时期都会对国家重点项目设定最低标准，以保证国家总体发展规划及公共服务公平性的实现。中央政府主要通过以下几种形式实现对基本公共服务制度框架的设定：一是制定法律法规，如《义务教育法》（1986年、2006年）；二是制定发展规划，如《城乡社区服务体系建设规划（2016—2020年）》；三是中央部委制定政策，如民政部《县级农村社会养老保险基本方案》（1992年）。

在中央政府制定出基本公共服务制度框架后，中央政府向省级政府、省级政府向地市政府、地市政府向县级政府、县级政府向乡镇政府，逐级将基本公共服务的权力及责任分解并授权至各地方政府，最终将基本公共服务输送至农村社区及居民。"中央政府为地方政府的工作制定一般性政策和指导原则，但是地方政府必须负责本级政府机构的运行资金，并向下一级政府机构提供有限的资金支持……基层农村政府承担着沉重的财政和行政责任。"[①] 在中央政府所确定的公共服务制度框架下，由于资源差异、激励差异、财力差异等诸多因素

---

① 世界银行东亚与太平洋地区编著《改善农村公共服务》，中信出版社，2008，第14页。

的影响,各级地方政府都会将公共服务"地方化",从而导致农村基本公共服务的地域性差异非常明显。

倘若地方政府为规避农村基本公共服务责任而选择避重就轻,中央政府的总体目标就会大打折扣。为此,中央政府通过相关政策规定,对全国各地的关键部门及其公共服务提出最低标准的要求。例如,卫生部门对相应的医疗卫生服务做了如下要求。

> 重点公共卫生项目和政策必须按照国家标准执行(例如,艾滋病的预防、血液系统的管理、"四免一关怀"的艾滋病项目、免疫项目、肺结核预防和治疗、"根除破伤风和降低母婴死亡率"等)。
>
> 每个乡镇必须至少有一家政府举办的乡镇卫生院;各村都必须至少有一个诊所;传染病防治方面要求地方政府必须为疾病控制和防治机构提供资金等。
>
> 在执行新型农村合作医疗制度的县,每个受益人的最低筹资标准是人民币50元,其中居民缴纳10元,省级及以下的地方政府出20元(比较富裕的、没有中央政府资助的东部省级行政单位和县为40元),中央政府出20元(西部、中部和部分东部地区)。[①]

除了提出最低服务标准外,中央政府承担了越来越多的责任,在一定程度上避免了地域性差异,凸显了基本公共服务的公共性与公平性内涵,这一点在义务教育和卫生领域表现明显,如表1-2所示。

表1-2 主要的农村教育和卫生领域的新项目

项目	开始时间	政策目标	政策内容
"两免一补"	2003年	让更多儿童接受教育,减少家庭对九年义务教育承担的费用	政府提供资金取代学校来自教科书和杂费的收入,为来自"贫困"家庭的住宿学生提供补贴

---

① 世界银行东亚与太平洋地区编著《改善农村公共服务》,中信出版社,2008,第14页。

续表

项目	开始时间	政策目标	政策内容
农村义务教育经费保障机制	2006~2007年	九年义务教育由公共资源提供资金；让更多的儿童接受教育，减少家庭承担的费用	政府提供资金取代学校来自杂费的收入，提供的资金标准为农村小学平均每个学生140元，农村初中平均每个学生180元
新型农村合作医疗制度	2005年	为重大疾病提供保险，降低农民由于生病而陷入贫困的经济风险	主要是为到医院就诊的病人设计的服务；在县一级实施，规定了覆盖的范围和报销的比例；按户自愿参加；当有70%的住户同意加入时，县可以启动一个新型农村合作医疗计划；成本分担办法：每年中央为每个参加者提供20元，地方政府为每个参加者提供20~40元，参加者每人自己出10元

资料来源：世界银行东亚与太平洋地区编著《改善农村公共服务》，中信出版社，2008，第16页。

（2）社区和农民

在基本公共服务体系中，农村社区组织可谓是政府体系的一种延伸，同时也是被体制结构化了的其中一环。换言之，农村社区在公共服务的"大棋盘"中充当了一个"棋子"的角色。

就义务教育体制而言，社区组织经历了从"主力"向"替补"或"观众"的角色转变。1986年颁布的《义务教育法》第八条规定，我国"在国务院领导下，实行地方负责、分级管理"的管理体制，与当时"分灶吃饭"的财政体制相适应。在这种体制背景下，各地方政府争相向下转移支出负担，提出"人民的教育人民办"的口号，并将办学的投入责任转嫁给了乡镇、社区及农民（家长）。在上级行政压力推动与地方经费投入的共同作用下，一度达到一村（社区）一小学的状态。然而，社区不堪重负，在"普九"达标期间，由于教学及辅助用房、学生生活用房、校园维修建设、教学仪器设备购置等方面的投入，不少社区形成了不同程度的债务。这一阶段社区在为普及九年制义务教育筹资方面发挥着"主力军"的作用。

到了2001年，《国务院关于基础教育改革与发展的决定》指出农村义务教育管理体制"实行在国务院领导下,由地方政府负责、分级管理、以县为主的体制",并明确了各级政府及农村社区的相应责任,如表1-3所示。

表1-3 各级政府及农村社区在义务教育中的职责

各级政府及农村社区	职责
国家	确定义务教育的教学制度、课程设置、课程标准,审定教科书
中央和省级人民政府	要通过转移支付,加大对贫困地区和少数民族地区义务教育的扶持力度
省级和地(市)级人民政府	要加强教育统筹规划,搞好组织协调,在安排对下级转移支付资金时要保证农村义务教育发展的需要
县级人民政府	对本地农村义务教育负有主要责任,要抓好中小学的规划、布局调整、建设和管理,统一发放教职工工资,负责中小学校长、教师的管理,指导学校教育教学工作
乡(镇)人民政府	要承担相应的农村义务教育的办学责任,根据国家规定筹措教育经费,改善办学条件,提高教师待遇;要承担维护学校的治安和安全、动员适龄儿童入学等责任
农村社区	继续发挥村民自治组织在实施义务教育中的作用;承担维护学校的治安和安全、动员适龄儿童入学等责任

从表1-3可以看出,农村社区被置于自上而下的义务教育管理的政府体系末梢,没有了筹资的责任,只是明确了其在学校治安及动员适龄儿童入学的责任,社区在义务教育中的"主力军"角色发生变换,作为"替补"或"观众",成为政府管理的补充。之后,政府在很多地区实行农村中小学布局调整,大量撤并中小学校,进一步抽离了农村社区在义务教育中的作用。

从农村社区在义务教育中的角色转换可以看出,农村社区受到政府的规制,无论是"普九"时的筹资重担还是布局调整时的缺位,都是在义务教育管理体制转型过程中政府规制的后果,农村社区和农民一直处于被动地位。2006年修订的《义务教育法》正式确定了以县为主的管理体制,指出"义务教育实行国务院领导,省、自治区、直辖市人民政府统筹规划实施,县级人民政府为主管理的体制",农村社区在其中的作用进一步虚化。在布局调整、撤并学校后,义务教育阶段中小学脱离农村社区,社区居民的交通成本、住宿成本等无形增加,义务教育的公共性大打折扣。

2. 提供给谁——户籍人口 + 流动人口

基本公共服务与户籍制度紧密相连,而我国的户籍制度长期以来是属地管理,与土地直接关联,这样户籍制度反过来重新界定了公民的社会性,即地域差异性,从而使公民由于户籍差异或户籍与人口的脱离导致公共服务享有权的差异。简言之,依据户籍与人口所在地的重合性,可将当前我国基本公共服务的提供对象区分为户籍人口与流动人口。

农村社区户籍人口,由于居住地与户籍相一致,因而可以享受到制度内的基本公共服务,诸如义务教育、合作医疗、五保供养、社会保险等。然而,同样是农村社区户籍人口,由于户籍的差异也存在基本公共服务的差别:一是城乡差别,我国户籍制度的一个鲜明特点就是根据地域和家庭关系将户籍属性分为农业户口和非农业户口,前者所享受到的基本公共服务是农村标准,而后者则是城镇标准,两者标准是不同的,一般而言后者高于前者;二是地域差异,同样是农村社区户籍居民,由于各地经济发展水平、财力基础、提供服务积极性等多方面的差异,在很多基本公共服务投入需要地方配套的情况下,其享有的基本公共服务水平差异明显。

在城镇化的大背景下,越来越多的农村社区居民开始脱离户籍所在地,外出务工、经商及异地务农等,社会出现大量的流动人口。在人口与户籍分离的情况下,农村公共服务的提供面临着诸多挑战。对此,2015 年中共中央办公厅、国务院办公厅印发的《关于深入推进农村社区建设试点工作的指导意见》强调促进流动人口有效参与农村社区服务管理,指出"依法保障符合条件的非本村户籍居民参加村民委员会选举和享有农村社区基本公共服务的权利。吸纳非户籍居民参与农村社区公共事务和公益事业的协商，建立户籍居民和非户籍居民共同参与的农村社区协调议事机制。在保障农村集体经济组织成员合法权益的前提下，探索通过分担筹资筹劳、投资集体经济等方式，引导非户籍居民更广泛地参与民主决策。健全利益相关方参与决策机制，采取会议表决、代表议事、远程咨询等决策方式，维护外出务工居民在户籍所在地农村社区的权利"。这意味着中央政府对流动人口所享有的农村社区基本公共服务进行了新的制度性安排，为其公平享有公共服务、减少户籍制约提供了可能。

3. 如何提供——财政+市场+自筹

从现有的农村社区基本公共服务种类来看，大体包含这样几类：基础生活设施、义务教育、合作医疗、五保供养、社会养老保险等，其主要政策依据如表1-4所示。

表1-4 农村社区基本公共服务类型及政策依据

种类	法规政策	公共物品法定性质	资金来源
义务教育	《中共中央关于教育体制改革的决定》《义务教育法》《中国教育改革与发展纲要》	基础教育、义务教育、国家保障的公益性事业	预算内经费、教育费附加、村集体补贴、学杂费、教育集资
合作医疗	《农村合作医疗章程（试行草案）》《关于发展和完善农村合作医疗的若干意见》	集体福利事业；互助共济、民办公助	中央政府、地方政府、农民（或村集体）按相同数额配套
五保供养	《农村五保供养工作条例》	集体福利事业、政府性社会救助	集体提供；财政支出为主，社区供给为辅
社会养老保险	《县级农村社会养老保险基本方案》	自助为主、互济为辅	个人缴纳为主，集体补助为辅

资料来源：高鉴国主编、高功敬副主编《中国农村公共物品的社区供给机制》，山东人民出版社，2009，第52页。

除了通过一般性财政转移支付提供农村社区公共服务外，"项目逐渐成为转移支付的主要方式，这与财政转移支付的'专项化'演进以及国家部门管理和治理目标的'项目化'过程密切相关——随着项目资金的规模日益增大,除了工资和日常性支出之外,几乎所有的建设和公共服务资金都'专项化'和'项目化'了,同时这还与中央对地方关系向'多予、少取、放活'改变,政府治理方式向评、考、控转变,以及建设'运动'的推助有关"①。事实上,项目制是政府财政通过市场化的运作,通过政府层级传递到达社区。"项目从国家部门经由地方政府,最后进入城乡结构的末梢——村庄,其间需要经过多重的运作机制。上级的'发包'和'打包'运作,最终必然导致村庄的'抓包'行为。'抓包'既是地方政府'打包'过程的延续,又是村庄主动争取项目的过程。地方往往会将'新农村建设'等一类建设工程或'打包向上争取'资金,或将分属于条线部门的项目'打包',捆绑成诸如开发、扶贫、农林、水利、交通、能源等专项资金,集中投向创建村。村庄只有挤进创建村,抓到打包好的项目,才有可能大规模地改变村貌。"②

然而,项目制的公共服务提供方式,一方面不是普遍性的,具有强烈的竞争性,结果必然导致"弱肉强食"的后果;另一方面项目制很多是通过自上而下的方式"发包",并不一定能够与农村社区及居民对基本公共服务的需求相吻合。

(二) 社区互助服务

我国农村社区具有互助的传统,随着经济社会发展,我国农村社区互助形式日趋多样化,这些社区互助服务大体包括行政主导、社区精英主导、邻里自发、社会工作介入等几种形式。

1. 行政主导下的社区互助服务

家庭联产承包责任制之后,随着"乡政村治"的实施,以"两委"为主的社区组织对农民的行政管控能力减弱,税费改革后,特

---

① 折晓叶、陈婴婴:《项目制的分级运作机制和治理逻辑——对"项目进村"案例的社会学分析》,《中国社会科学》2011年第4期。
② 折晓叶、陈婴婴:《项目制的分级运作机制和治理逻辑——对"项目进村"案例的社会学分析》,《中国社会科学》2011年第4期。

别是免征农业税费之后，社区组织的社区资源、动员能力进一步削弱。然而，由于传统行政干预的路径依赖、社区长期扮演行政体系延伸者角色，行政主导下的社区服务依然发挥着重要的作用。

其形式主要有以下两种。一是承接基本公共服务。如前文所言，由于很多基本公共服务以项目形式下达农村社区，完善社区服务需要农村社区组织在配套资金筹措、具体实施等方面发挥重要作用，如笔者调查的湖北省红安县有很多农村社区的村组公路建设项目，除了政府的相应拨款以外还需要社区配套资金投入，而社区组织自身无集体收入，于是动员农民集资，每个小组根据村组公路的长度每人出资100~200元。

二是根据农民需求提供社区服务。这种类型的社区服务因地区、社区不同而差异巨大，这与社区自有资源、动员能力、社区组织积极性等多方面因素有关。在笔者2014年调查的湖北省黄梅县A村，历年都有端午节赛龙舟的传统。2014年，在村"两委"征求民意的基础上，农民按人口自愿捐款修造龙舟，款项包括龙舟原材料、工费等，同时还根据所需劳力，实行"以资代劳"，即每户都有义务提供劳力帮助搬运材料、提供辅助性劳动等，若没提供劳力则缴纳相应费用。

2. 社区精英主导下的社区互助服务

改革开放后，随着农村生产力水平提高及市场经济的快速发展，农村社区主体多元化倾向明显，除村"两委"等体制内政治精英外，体制外的经济精英、社会精英在社区服务中发挥着越来越大的作用。

一是经济精英对社区服务的经济支援。改革开放后，农村社区出现了一批"经济能人"，他们率先适应市场经济，凭借着个人能力先富起来，大多是农村经济组织的创始人、带头人。他们大多接受过一定水平的教育，同时对农村社区的人情世故非常熟悉，其经济上的"先富"示范，使其具有了广泛的社区影响力。在笔者所调查的湖北、山东等地的农村社区中，经济精英在村组道路修建、困难人群救济、祠堂翻新等多种社区服务中投入较多的资金，如湖北省B村4组村组公路修建所需的农民集资部分全部由一位本组老板承担。

二是社会精英对社区服务的组织与协调。社会精英主要是指那些在品德、能力、经验、威望等方面受到社区居民普遍尊重的人。他们的德行一般符合农村社区居民传统价值观，并在社区事务处理过程中逐渐树立了个人威望。社会精英又包括宗教精英、宗族长老等。社会精英一般而言年龄较大，以维护村庄秩序为己任，是社会传统的维护者和传承者，依靠自身在家族中的地位而对社区产生影响，在社区事务中具有一定的话语权。

3. 邻里自发的社区互助服务

邻里自发的社区服务一般涉及的范围比较小、服务项目较为简单，常见于农业生产、建房及婚丧嫁娶等事务中，主要基于血缘、地缘关系及传统习俗。邻里自发的社区互助服务有以下几个特点：一是"远亲不如近邻"，具有及时性、可及性以及无偿性的优势；二是"不能关起门过日子"，每个社区成员很难依靠自身解决全部事务，帮助他人是为获得他人帮助积累资本，并且生老病死、婚丧嫁娶是每个家庭可预期的、需要他人帮助的事；三是邻里互助既是长久以来农村社区成员解决重大事务的传统习俗，也是形塑社区成员形象的重要方式，能否融入这种互助系统，关系到社区成员是否是合格的，直接影响其与社区及其他成员的后续关系。

4. 社会工作介入下的社区互助服务

随着经济社会转型，社区社会工作理念及目标发生了转变，"由早期的强调自上而下动员和组织居民和社区资源整合到国家和民族的经济发展过程中来，转到当今的强调社区居民自下而上的合作团结，自主决定社区资源的开发利用，争取外部资源融入社区发展过程中来"①。然而,从我国社会工作介入农村社区服务现状而言,这种转变依然没有完成,甚至有些方面还停留在第一阶段。

在《中共中央关于构建社会主义和谐社会若干重大问题的决定》(2006年)提出"建设宏大的社会工作人才队伍"之后,我国社会工作快速发展,相应的制度陆续建立起来。其中,《民政部、财政部关于政府购买社会工作服务的指导意见》(2012年)、《民政部、财政部关于加快推进社区社会工作服务的意见》(2013年)、《城乡社区服务体系建设规划(2016—2020年)》等文件基本搭建起社区社会工作的宏观制度框架,各地方政府根据自身情况制定了相应细则。

在现有的制度框架下,各地社会工作介入农村社区服务模式主要有以下几种。

(1) 高校教师与 NGO 主导,其代表有中山大学张和清教授领衔、在云南壮族村落进行的"绿寨实践",云南大学钱宁教授领衔、在苗族村落进行的反贫困实践。这种模式有以下几个方面特点:一是社会工作队伍成员主要来自各自的研究团队成员;二是资金支持主要来自境内外的 NGO 项目;三是将反贫困作为其主要任务;四是注重依靠社区自有资源和居民自主能力建设;五是联结社区外部资源,实施城乡合作。

(2) 地方政府主导,其代表是江西省万载县。其特点和方式有以下几点。一是出台政策,搭建制度平台。在初始阶段,地方政府陆续出台了《关于加强社会工作人才队伍建设,推进农村社会工作发展的意见》等4个文件、7个配套方案。二是依靠行政力量在社区"两委"设立社工委员岗,将社工纳入体制内。三是政府财政提供保障。县财政每年提供20万元的专门经费预算,2007年以后年度预算逐年递增5万元,并从县福利彩票公益金中提取30%、慈善捐

---

① 林志斌、李小云:《性别与发展导论》,中国农业大学出版社,2001,第77~78页。

款中提取30%，从福利企业减免税中募捐8%用于社会工作发展。①四是政府将社会工作纳入广泛的社区服务中，涉及文明卫生、环境保护、社区民主管理等。

（3）高校与地方政府合作，其代表是华中农业大学阳光社会工作中心。这种模式特点如下。一是高校与政府签订长期合作协议，明确各自的职责及投入责任。华中农业大学"每年对社工活动日常运行的经费投入达30万元，仅固定资产投入在2013～2014年度就达26万元。另一方面，作为合作建设方，黄陂区王家河街道方面也给予阳光社会工作中心大力支持，2013年王家河街道用于专业社工与义工住房及伙食费等投入20万元，2014年投入30万元"②。二是社会工作服务人员主要来自专业社工与社工专业大学生。"华中农业大学阳光社会工作中心常规人员配备包括1名专职社工和10名学生实习社工，实习社工全部来自华中农业大学社会工作专业本科生和研究生，定期进行轮换。其中本科生每半个月轮换一次，研究生常年驻点实习。"③

（三）社区市场化服务

改革开放后，特别是20世纪80年代中期以后，农村政策趋于市场化，"重点是建立农产品市场机制、发展农村商品（市场）经济；扶持、引导乡镇企业的发展，调整、优化农村经济结构；增加农业投入，确保农业发展的后劲"④。这些政策意在发挥市场的资源配置作用，促进农村经济发展、农民增收，这时"国家退市

---

① 卫小将：《中国社会工作发展模式与检视——基于上海、深圳和万载的探索分析》，《开发研究》2014年第5期。
② 熊景维、钟涨宝：《新时期我国农村社会工作的典型实践、经验与挑战》，《华东理工大学学报》（社会科学版）2016年第5期。
③ 熊景维、钟涨宝：《新时期我国农村社会工作的典型实践、经验与挑战》，《华东理工大学学报》（社会科学版）2016年第5期。
④ 王盛开：《从农村政策演变看社会主义新农村的制度建设》，《红旗文稿》2007年第4期。

场进"似乎是理所当然的结果。然而，受到制度惯性、起点差异、经济本位等方面的影响，农村社区的市场化服务仍受宏观结构性约束。

首先，制度惯性。受集体化时期行政干预的路径依赖影响，当前社区组织对社区经济的干预依然带有强烈的强制或半强制色彩，诸如特色养殖（种植）、土地流转（规模化种植）等。这一方面是由于社区组织在一定程度上是行政体系的延伸，受到自上而下的行政压力；另一方面则是农村社区组织发展社区经济缺乏行政之外的有效手段。其后果是，看似是社区组织市场化的服务行为，由于其自上而下的强制性，与居民所需要的服务不相吻合，使其即使供给有效，却实际无效或失效，甚至适得其反，引发冲突或矛盾。

其次，起点差异。长期城乡二元结构格局与区域发展的不均衡局面，导致了农村社区起点低的问题。在"嫌贫爱富"的市场面前，如若放任市场自身对农村社区提供相应服务，市场化服务要么是价格昂贵的，要么是供给不足的。在这个前提下的农村社区市场化服务绝不仅是市场的事。

最后，经济本位。农村经济、农村市场向来被看作国民经济的一部分，服务于国民经济发展的大局，不论是2008年为应对金融海啸而采取的"家电下乡政策"，还是2015年为促消费、拉内需出台的《关于促进农村电子商务加快发展的指导意见》，抑或是2016年为了化解商品房的库存"鼓励农民进城买房"政策，都属此类。在经济本位下，农村社区居民个体或家庭，或许可以享受到相应的政策优惠，但是其出发点是经济而非社区居民本身，因而农村社区居民的个性化、多样化需求难以从中得到满足，以社区为基点的服务网络难以建立。

以上三种结构性因素是长期以来形成的，必将在之后一段时间内继续存在，并发挥作用。不可否认的是，随着经济发展对社会领域改革的迫切要求，国家对社会领域的改革正逐步推进，包括以上三个结构性因素在内的诸多社会制度正在发生变革,社区市场化服务的体制空间正在重新形塑。

《城乡社区服务体系建设规划（2016—2020年）》明显注重了"社区"基点定位及服务网络建设、服务事项的多元化与多样性、居民的需求表达及评价机制等,提出"着力推进城乡社区便民利民服务便捷化",确立了社区市场化服务目标及制度框架,具体内容如表1-5所示。

表1-5 社区市场化服务目标及制度框架

服务机制		大力发展城市社区物业服务,建立行业监管机制、属地协调机制和居民评价机制,切实提升企业诚信和服务质量
服务网络		完善农村社区综合性服务网点
服务事项	公用事业	发展城乡社区短途通勤公交服务,鼓励邮政、金融、电信、燃气、自来水、电力、产品质量监督等公用事业服务进入城乡社区
	生活服务	发展城乡社区家庭服务、健康服务、养老服务企业和机构,多方式提供看护护理、家政服务、美容美发、洗染、家电维修、餐饮、物流配送和再生资源回收等生活服务,支持有实力的企业运用连锁经营的方式到城乡社区设立超市、便利店、标准化菜店等零售网点
	生产服务	依托供销合作社、益农信息社和企业提供农资供应、农副产品流通、日用消费品销售、再生资源回收和农业社会化服务,积极推进多种形式的城乡对接、产销对接

在现行制度框架下,社区市场化服务绩效除了受上述结构性因素影响外,还受一些具体因素的影响。一是政府。在现行体制下,政府与社会、市场的界限不明晰,政府几乎可以管辖其有意管辖的所有社会事务、市场事务,如后文考察的鄂东四村的社区交通问题。二是距离。农村社区分布处于较为分散状态,与资本的集聚效应相悖。距离城镇及农村市场越远、交通越不便利的农村社区,其市场化服务越会受到严重影响。如若这种所谓的"市场化服务"影响到了社区居民的正常生产、生活,那么就会出现"市场化服务"的公共化问题,需要公共机构出面解决。

本章小结

从我国的实践来看，农村社区服务经历了由"社区自给"到"国主民辅"的转变过程，逐渐形成了由基本公共服务、社区互助服务、社区市场化服务构成的农村社区服务体系。这种体系的形成与我国两种改革方向息息相关。一是国家权力下沉，即国家以资源输入的方式介入农村社区服务之中，以期实现国家目标、满足民众需求。这种下沉不仅以提供基本公共服务的形式直接实施，而且政府还会通过对资源配置的控制（如政府购买社工服务等）进行严密的行政组织管制来实现对农村社区服务的有效引导。二是市场化。无论是农村社区的市场化服务，还是基本公共服务、互助服务，都处于市场化改革的大环境之中，其运行方式都带有鲜明的市场印记，农村社区服务的各种主体的逐利动机及行为更为外显，其公共面向不可避免地面临诸多挑战。在两种倾向下，农村社区服务混杂了行政与市场两种逻辑，并且国家的行政逻辑由于其资源占有及配置的垄断性而居主要地位。市场化的逻辑在对行政逻辑无害的前提下，成为后者可资利用的手段。

第二章

农村社区服务的供给现状

本部分数据来源于两个方面。一是在2013年寒假期间，课题组选拔华中农业大学学生作为调查员，让其对各自家乡进行的问卷调查，这是主要的资料来源。调查涉及包括湖北、山东、河南、江苏、四川、浙江、贵州、湖南、安徽、广西、河北、天津、山西、陕西、福建、内蒙古等16个省级行政单位，共发放问卷2209份，回收问卷2209份，其中有效问卷2121份。二是从在山东、湖北等地所做的实地调查中所获取的第一手资料。

本次被调查者中，男性占57.1%，女性占42%；汉族占91.5%，少数民族占8.5%；有配偶的占75.3%，其中再婚的占0.7%；没有配偶的占24.8%，其中未婚的占21.8%。被调查对象中学历偏低的占绝大部分，高中或中专及以下学历占84.5%，其中初中学历的占42.3%，大专及以上学历的仅占15.5%。这一方面折射出农村无论作为居住地还是生产场所，对人才的吸引力非常弱，反而施加更多的是一种向外的推力；另一方面也在昭示着社区服务对象的贫弱性。

表 2-1　文化程度

单位：%

		频数	百分比	有效百分比	累积百分比
有效	小学及以下	445	21.0	21.1	21.1
	初中	895	42.2	42.3	63.4
	高中或中专	446	21.0	21.1	84.5
	大专	130	6.1	6.1	90.6
	本科及以上	198	9.3	9.4	100.0
	合计	2114	99.7	100.0	
缺失	系统	7	0.3		
合计		2121	100.0		

一　农民关注及其困境

当今中国农民处于城乡二元结构前提下的城市化进程中，在实现非农化的同时，又不得不游走于城乡之间，这既消解了传统村庄共同体，也解体了家庭共同体，两者让农民个体的兜底保障、互助逻辑大为减弱。在农民个体大量从农业、村庄甚至家庭脱离出来成为自由流动的劳动力资源的同时，由此带来的各种风险也随之落到农民个体身上，农民的各种忧虑及现实困难随之而来。

首先，收入来源与支出负担方面，收入低、负担重。调查数据显示，8.0%的人选择"没有工作"，13.5%的人选择"工作不稳定"，随之而来的是觉得自己的"收入太低"（24.4%）。与此相印证的是，农民最关心的问题是"发展生产，增加收入"（18.4%）。可见，保证就业、增加收入才是大多数农民最为关心的事情。武汉郊县农村调查显示，青壮年进城务工以重体力、低技术工种为主，收入偏低且不稳定；中老年男性及妇女在土地流转出去之后，找不到工作。随之出现的是，农村大量劳动力被闲置，许多农民处于无收入或低收入的尴尬状态。

与农民低收入不匹配的则是其各种支出负担。在回答"个人遇到的最大困难"时，13.2%的人选择"看病太贵"，12.6%的人选择"抚养小孩负担重"，8.8%的人选择"赡养老人负担重"。与此相对应的是，农民"个人关心的主要问题"中"医疗、养老、低保等社会保障"占15.9%。多地农村实证调查显示，农民看病用药已成为留守老人面临的主要负担来源之一，如心血管病、风湿病等慢性病医药负担最为沉重，另外也出现了重病不治或拖延现象。

农民收入与支出的背离显现了其在城市与农村之间、农业与非农之间、工作与社会保障之间的"脱臼"，这不可避免地使农民陷入"难以支配自身"的境地。

表 2-2 个人遇到的最大困难

单位：人，%

		N	百分比
个人遇到的最大困难*	没有工作	419	8.0
	工作不稳定	707	13.5
	收入太低	1277	24.4
	赡养老人负担重	462	8.8
	养老托老不方便	287	5.5
	抚养小孩负担重	662	12.6
	托儿、就学不方便	398	7.6
	看病太贵	694	13.2
	看病不方便	275	5.2
	其他	63	1.2
总计		5244	100.0

* 值为1时制表的二分组。

表 2-3 个人关心的主要问题

单位：人，%

		N	百分比
个人关心的主要问题*	集体土地承包、流转、征收	644	11.1
	宅基地审批与置换	315	5.4
	村集体资产管理	277	4.8

续表

个人关心的主要问题*		N	百分比
个人关心的主要问题*	科技、文化、信息服务	589	10.1
	发展生产,增加收入	1072	18.4
	医疗、养老、低保等社会保障	926	15.9
	道路、环境卫生等农村基本设施建设	689	11.8
	农村幼儿保育与学校教育	513	8.8
	计划生育	88	1.5
	农村社会治安	265	4.6
	农民外出打工面临的困难	431	7.4
	其他	11	0.2
总计		5820	100.0

* 值为1时制表的二分组。

表2-3显示,个人关心的最主要的三个问题是发展生产,增加收入（18.4%）,医疗、养老、低保等社会保障（15.9%）和道路、环境卫生等农村基本设施建设（11.8%）。

其次,外出务工人员社区服务的双向边缘化。农村人口大规模外出已成为我国当前社会的一个常态,有家人外出务工的占被调查者的71.5%,其中以青年人外出为主,占50.2%,中年人外出的仅占17.9%。这与大部分农村地区"青年外出务工,老人在家务农"的家庭分工特点相吻合。与此同时,青年人大比例外出务工,在两个方面同时为农村社区服务提出了新挑战:一是在村居民的家庭支持结构出现裂痕,进而对社区服务需求结构出现变化;二是对外出青年而言,面临着家乡农村社区与工作所在地社区的双重社区服务及其衔接问题。

表2-4 家人外出务工形式

单位:人,%

		N	百分比
家人外出务工形式*	没有家人外出	590	28.5
	未婚儿女外出	437	21.1

续表

		N	百分比
家人外出务工形式*	青年夫妻一方外出	235	11.3
	青年夫妻双方外出	307	14.8
	青年夫妻携子女外出	63	3.0
	中年夫妻一方外出	243	11.7
	中年夫妻双方外出	129	6.2
	其他	67	3.2
总计		2071	100.0

*值为 1 时制表的二分组。

在"外出务工农民在城市最需要的服务"中，外出务工农民在务工信息、就业培训、就医保障、子女教育保障、住房保障等方面的服务需求分布较为均匀，其中位列前三的是：就医保障，占 23.1%；住房保障，占 19.6%；子女教育保障，占 19.3%。可见，农民工对城市社区服务需求较为强烈。这一方面反映了城市社区服务供给不足，难以满足农民工的一些基本需求，另一方面反映了农民工定居、融入城市存在种种障碍。

表 2-5 外出务工农民在城市最需要的服务

单位：人，%

		N	百分比
外出务工农民在城市最需要的服务	务工信息	1046	18.3
	就业培训	1081	18.9
	就医保障	1320	23.1
	子女教育保障	1102	19.3
	住房保障	1117	19.6
	其他	46	0.8
总计		5712	100.0

二 户籍、职业及社区服务边界

(一) 户籍与社区服务边界

根据现有体制及政策,在一个村庄中,户籍、居住人口、承包地及宅基地是统合在一起的,也就是说,户籍赋予了一个农村居民成员资格及相应的社会权利。从调查来看,被调查者绝大多数都是本村农村户口 (83.4%),同时也呈现居住人口异质化的倾向,外地农村户口占 3.5%,本地城镇户口占 10.9%,外地城镇户口占 2.2%。从我们在各地的实地调查来看,农村居住人口异质化程度不断提高,户籍对人口流动的束缚正在减弱。

表 2-6 目前户口

单位:%

		频率	百分比	有效百分比	累积百分比
有效	本村农村户口	1748	82.4	83.4	83.4
	外村农村户口	73	3.4	3.5	86.8
	本地城镇户口	229	10.8	10.9	97.8
	外地城镇户口	47	2.2	2.2	100.0
	合计	2097	98.9	100.0	
缺失	系统	24	1.1		
合计		2121	100.0		

(二) 职业选择与社区服务边界

农村社区居住人口异质化与农村居民的职业多元化密切相关。从表 2-7 数据看,除农业劳动者 (21.6%) 外,有基层干部 (4.9%)、企业主 (0.9%)、技术人员 (6.5%)、个体经商户 (8.7%)、企业管理者 (2.3%)、务工人员 (35.2%)、家务劳动者

(8.0%)等多种职业。职业的多样化使农村居民有多种选择，而职业的选择又在一定程度上决定了居住地的选择。现实后果是，一方面本地非农业发达的农村地区会吸纳很多外来人口，本地人口与外地人口出现倒挂现象；另一方面在大多数以农业为主的农村社区，除了人口外流之外，也出现了一些外来人口，如个体经商户、技术人员、承包大户等。当职业逐渐多样化时，特别是当农村居民的主业从农业转向其他职业时，土地的重要性减弱，由土地与户籍规定的社区成员资格的导向性作用不再像之前一样显著，农村社区居住人员异质化也随之产生。

表 2-7 主要职业身份

单位：%

	类别	频数	百分比	有效百分比	累积百分比
有效	基层干部	102	4.8	4.9	4.9
	企业主	19	0.9	0.9	5.8
	技术人员（医生、教师等）	136	6.4	6.5	12.2
	个体经商户	182	8.6	8.7	20.9
	企业管理者	49	2.3	2.3	23.2
	务工人员	740	34.9	35.2	58.4
	农业劳动者	455	21.5	21.6	80.0
	家务劳动者	169	8.0	8.0	88.1
	失业、无业人员	96	4.5	4.6	92.6
	其他	155	7.3	7.4	100.0
	合计	2103	99.2	100.0	
缺失	系统	18	0.8		
合计		2121	100.0		

与职业的多样化相适应，个人收入来源也呈现多元化，其中位列前三的依次是工资（47.0%）、务农（32.4%）、个体经营（10.4%）。

表2-8 个人收入主要来源

单位：%

		频数	百分比	有效百分比	累积百分比
有效	务农	680	32.1	32.4	32.4
	工资	986	46.5	47.0	79.3
	个体经营	218	10.3	10.4	89.7
	公司经营	16	0.8	0.8	90.5
	投资	9	0.4	0.4	90.9
	离退休金	29	1.4	1.4	92.3
	亲友馈赠	7	0.3	0.3	92.6
	社会救济	8	0.4	0.4	93.0
	低保金	15	0.7	0.7	93.7
	养老保险金	31	1.5	1.5	95.2
	子女供养	83	3.9	4.0	99.1
	其他	18	0.8	0.9	100.0
	合计	2100	99.0	100.0	
缺失	缺失值	3	0.1		
	系统	18	0.8		
	合计	21	1.0		
合计		2121	100.0		

（三）土地利用与社区服务边界

土地对于农业尤其是对于传统农民而言具有重要意义，既是其最基本的生产资料，也是其维持生计的立足之本，正所谓"农民的命根子"。正因为如此，在相对封闭的生产生活空间内，农民与土地紧密地结合在一起，土地边界成为农村社区的地理边界。土地的利用状况及其产品的市场化程度，也直接影响或反映了农民的行动范围及农村社区社会边界的变化。改革开放以后，特别是21世纪以来，在城市化进程中，职业选择的多样化使农民与土地的关系产生了巨大变化，农村社区的社会边界更为模糊，农村社区服务对象因而变得扑朔迷离。

从调查来看，绝大多数农民还是选择了"自家耕种"承包地，占 57.4%。可见，即使在大批农民进城务工的大背景下，大部分农民也并未舍弃耕地。同时也有相当一部分农民从自耕状态脱离出来，其承包地"出租或转让"的占 19.7%，"已转为非农用地"的占 15.8%。

表 2-9 承包地利用方式

单位：人，%

		N	百分比
承包地利用方式*	闲置	137	7.1
	自家耕种	1112	57.4
	出租或转让	382	19.7
	已转为非农用地	306	15.8
总计		1937	100.0

＊值为 1 时制表的二分组。

虽然 57.4% 的人都选择了"自家耕种"承包地，但是从事农业劳动的人口结构及人地关系状态发生了巨大变化。在当今农村，农业劳动以老、妇务农为主，其中，"在家妇女耕种"占 24.8%，"在家老人耕种"占 31.7%，共计 56.5%。与此同时，青壮年耕种比例非常低，仅占 20.3%，兼业化程度比较低，"农忙时外出务工者回家帮忙"的仅占 19.4%，反映了非农化程度较高。

表 2-10 自家耕种方式

单位：人，%

		N	百分比
自家耕种方式*	在家妇女耕种	466	24.8
	在家老人耕种	596	31.7
	青壮年男子耕种	136	7.2
	青壮年夫妻耕种	247	13.1

续表

		N	百分比
自家耕种方式*	农忙时外出务工者回家帮忙	364	19.4
	其他	72	3.8
	总计	1881	100.0

*值为1时制表的二分组。

在将承包地出租或转让的调查中，41.5%的人将承包地"转给熟人免费耕种"，21.8%的人"全部出租给本村人"，11.5%的人"部分出租给本村人"，8.3%的人"全部出租给外村人"，6.0%的人"部分出租给外村人"，以其他方式出租或转让的占10.9%。

表 2-11 承包地出租或转让方式

单位：人，%

		N	百分比
承包地出租或转让方式*	转给熟人免费耕种	194	41.5
	全部出租给本村人	102	21.8
	全部出租给外村人	39	8.3
	部分出租给本村人	54	11.5
	部分出租给外村人	28	6.0
	其他	51	10.9
	总计	468	100.0

*值为1时制表的二分组。

表 2-12 承包地转为非农用地方式

单位：人，%

		N	百分比
承包地转为非农用地方式*	自家办工厂	34	8.8
	自家养殖	92	23.8
	被厂商买断	53	13.7
	被政府征用	142	36.7
	其他	66	17.1
	总计	387	100.0

*值为1时制表的二分组。

在将承包地转为非农用地的调查中，36.7%的人表示承包地被政府征用，23.8%的人将承包地用于自家养殖，13.7%的人表示承包地被厂商买断，8.8%的人表示承包地用于自家办工厂，还有17.1%的人将自家的承包地以其他方式转为非农用地。

（四）农村社区服务边界

一个人是否具有一个社区的成员资格，主要看他是否平等地享有本社区的各种基本权利及福利。换言之，如果外来人口无法平等地享有基本权利，那么他还不具有这个社区的成员资格。在被问及"非本村外来人口是否平等享有社区服务"时，认为非本村户籍外来人口平等享有"小孩上学的社区服务"的占24.2%，平等享有"医疗服务"的占23.4%，平等享有"住房保障"的占16.3%，平等享有"本村低保"的占12.9%，平等使用"本村文化设施及休闲场所"的占23.2%。从中可以看出，农村社区对外来人口宽容度在增加，有超过或接近一半的人认为外来人口已经平等享受到了相应的社区服务。

表2-13 非本村外来人口平等享有社区服务情况

单位：人，%

		N	百分比
非本村外来人口平等享有社区服务情况	小孩上学的社区服务	583	24.2
	医疗服务	563	23.4
	住房保障	393	16.3
	本村低保	311	12.9
	本村文化设施及休闲场所	560	23.2
总计		2410	100.0

然而，不容忽视的是，外来人口享有的不同社区服务之间的差距非常大，如小孩上学的社区服务、医疗服务、本村文化设施及

休闲场所所占的比例均在二成以上,而住房保障、本村低保所占比例则明显偏低。显而易见的是,对社区成员而言,前者的排他性较低,文化娱乐设施及场所最为明显,并且教育服务、医疗服务是付费的,对其他成员的资源挤占相对较弱;后者则属资源紧缺型社会保障,具有明显的福利性质,并且扶持力度大、排他性强。

在此,需要分两个层次来理解异质居民的社区服务状况。第一个层次是社区服务在本地居民与外来人口之间的差异格局。从问卷调查和实地调查来看,在特定农村社区,本地居民与外来人口之间的界限是相对清晰的,只是不同农村社区之间的开放性有所差别。外来人口能否真正平等享有或享有多大程度的社区服务与多方面因素有关。一是户籍。这是最为常见,也是最易区分的一个标准,正所谓户籍内外有别。二是居住年限。在湖北一个村庄调查时发现,一位流浪并最终落户在此村的老爷爷,在此村居住了近20年,由于是孤寡老人且家庭贫困,村里给了他"五保户"的指标。三是社会地位及关系网络。在多地农村调查中,调查者都会遇到这样一类人,他们父辈是本村人,他们本人属非农户口,退休后回村生活,诸如乡镇干部、医生、教师等。这类人或具有行政权力的余威,或具有一定的专业权威,在村庄社区服务中享有一定的话语权。

第二个层次是不同类型社区服务在异质性居民间的差序分布。如表2-13所示,由于社区服务的重要性与排他性有所差别,在异质性居民中呈差序分布状态,即重要性越高、排他性越强的社区服务,越排斥外来人口。

可见,农村社区服务的边界并非一个圆圈式的单层界线,而是呈现为内外有别、多层差序分布的圈层结构,如图2-1所示。

```
         ┌─────┐              ┌─────┐
         │核心层│              │中间层│
         └──┬──┘              └──┬──┘
            │                    │
           (圈层结构图)
         ┌─────┐              ┌─────┐
         │潜在层│              │外圈层│
         └─────┘              └─────┘
```

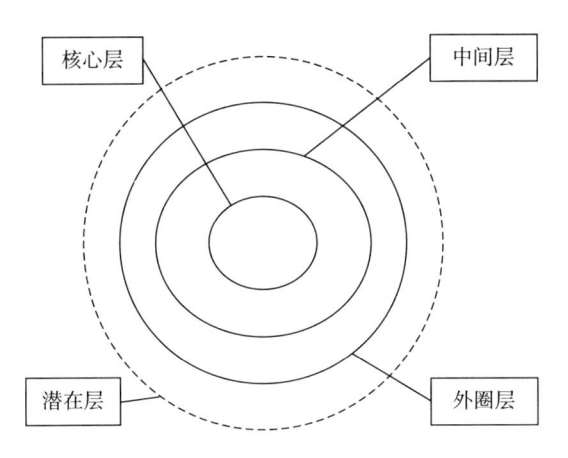

图 2 – 1　农村社区边界的圈层结构

表 2 – 14　农村社区服务层次及其特点

边界层级	特点	社区服务
核心层	最重要、排斥性最强	宅基地与承包地保障、低保保障
中间层	比较重要、排斥性较强	教育、医疗
外圈层	不太重要、排斥性较弱	公共设施及场所
潜在层	因重要性、排斥性变化产生	如因征地使再就业服务凸显

对于社区居民而言，是否认同所在社区、对社区是否拥有归属感，在很大程度上取决于其所处的边界层级，而边界层级则是由一系列具体社区服务来界定。反向观之，外来人口可以在多大程度上融入当地社区，在于其能够进入的边界层级。一般而言，由于资源稀缺程度、信任关系、权利与义务关系等条件的约束，农村社区对外来者总会有一定的排斥性，否则其之所以作为一个共同体的基础不复存在。正是由于这种排斥性，又反过来强化了社区成员的身份及社区服务的边界。当然，特定社区服务的重要性与排斥性会发生变化，其所界定的边界层级也会有所变化。然而，核心层、中间层、外圈层、潜在层的差序圈层结构则会大体不变。

如上所述，社区服务有利于提高成员的社区认同感与归属感，是社区成员之所以是社区成员的现实依据。然而，现实中农村社区服务提供状况令人担忧：一是无力提供，即既无动力也无能力提供；二是供需失衡，农村社区所能提供的社区服务主要在社区内部，并以为农业人口服务为主，这与社区人口外流、从事非农产业的人逐渐增多的现状相差较远。社区服务的供给不力直接影响到居民对社区的认同感。在问及"如何看待所在村庄"时，认为能够"提供必要的帮助与服务"的仅占23.8%，认为"与自己关系不大""提供生产与生活场所而已"的分别占8.9%、26.6%，而大多数人（32.3%）只是"对村庄有一种情感上的依恋"。可想而知，随着大批青壮年劳动力长期在外务工、与社区互动减弱，在缺乏必要社区服务的情况下，这种情感依恋很难维系。

表 2-15 对所在村庄的态度

单位：人，%

		N	百分比
对所在村庄的态度*	与自己关系不大	272	8.9
	提供生产与生活场所而已	808	26.6
	提供必要的帮助与服务	725	23.8
	只是一个养老场所	209	6.9
	对村庄有一种情感上的依恋	982	32.3
	其他	46	1.5
	总计	3042	100.0

*值为1时制表的二分组。

三 农村社区公共服务供给现状

（一）农村社区教育服务

作为农村社会的主体之一——青少年及儿童，其教育问题是农民最为重视的事情之一。社区教育服务主要涉及学前教育以及义务阶段教育。学前教育及义务教育阶段的学生是未成年人，其教育活动必定是农民家庭的事，因此上学的便利性、教育条件的好坏直接关系到社区教育服务的质量。

社区教育服务的边界是相对模糊和不确定的。这里所涉及的边界，一方面指的是社区教育服务的地理边界，另一方面也涉及社区教育服务的社会边界及公共性边界。

首先，从社区教育服务的地理边界来看，义务教育阶段的教学点是由教育部门统一规划和布局的，一般在中心村设立小学或初中，而学前教育的幼儿园除了在前者驻地之外，还有许多私人开办的幼儿园散落在乡镇或条件比较好的村庄。学校及幼儿园的驻地及辐射范围直接关系到社区教育服务的便利性。调查对象所在村庄距离教学点在3千米之内的占绝大多数（84.4%），只有15.6%的调查对象表示距离最近教学点在3千米以上。在相对较近的距离中，34.4%的调查对象家中没有小孩上小学或幼儿园，在剩下的调查对象中，孩子来往学校的主要方式是小孩自己步行（27.6%）、家长接送（18.6%）、在学校住宿（10.2%），只有7.0%的调查对象表示孩子坐校车上学，还有2.2%的人表示孩子以其他方式往返学校。

表2-16 与最近的教学点的距离

单位：%

		频数	百分比	有效百分比	累积百分比
有效	0~1千米	644	30.4	30.7	30.7
	1.1~2千米	701	33.1	33.4	64.0
	2.1~3千米	429	20.2	20.4	84.4
	3.1~4千米	162	7.6	7.7	92.1
	4千米以上	165	7.8	7.9	100.0
	合计	2101	99.1	100.0	
缺失	系统	20	0.9		
合计		2121	100.0		

表2-17　家中小孩往来学校的方式

单位：%

		频数	百分比	有效百分比	累积百分比
有效	没有小孩上小学或幼儿园	717	33.8	34.4	34.4
	在学校住宿	214	10.1	10.2	44.6
	小孩自己步行	575	27.1	27.6	72.2
	坐校车	146	6.9	7.0	79.2
	家长接送	387	18.2	18.6	97.8
	其他	46	2.2	2.2	100.0
	合计	2085	98.3	100.0	
缺失	系统	36	1.7		
合计		2121	100.0		

在实证调查中，还存在这样一个现象：农村儿童及青少年进城（县城或乡镇）就学越来越低龄化，并且比例逐渐升高。在鲁北一个村庄L村，其距离县城约40千米，中心学校所在的中心村与L村紧邻，既设有小学（1~6年级），也设有幼儿园。然而，越来越多的年轻人（大多数在外打工）在自己的小孩上小学时就将其送到县城寄宿学校，孩子们每周末回家一次，由老人接送。用他们的话说："这里的教学条件太差了！"这种判断并非空穴来风。调查中发现，优质师资"城镇化"的速度也在加快，通过招聘的方式，乡镇上的优质师资到了县城，乡村中的优质师资到了乡镇，由此导致的生源"城镇化"也在情理之中。农民将小孩送至县城就学显然已大大超出了社区教育的地理范围，彰显了农村社区教育服务质量的低下，并且展现了在城乡二元结构前提下，城镇化进程中教育资源城乡分布的进一步失衡。调查显示，受访对象认为幼儿园或小学阶段小孩存在较多的困难，其中最大的困难是"学校硬件条件差"（23.6%），其次是"学校教学水平差"（20.7%）。

与此同时，农民子弟就学的成本无形之中已经大幅增加，交通费、择校费、食宿费等费用不可避免地产生了。之所以要付出更多的成本,正如一位青年农民所言,"不想再让自己的小孩过像自己一样的日子,希望他们不要输在起跑线上"。然而,他们或许怀揣着自己未竟的上学梦、城市梦,拼命将自己的孩子送到了跟城市小孩一样的起跑线,但却付出了更多。城乡小孩起跑线一样的代价至少是农民家庭负担的无形加重。

农村幼儿园或义务教育阶段适龄儿童或青少年的父母大多在城务工,将适龄儿童或青少年带到务工地入学或许是一个选择。然而,调查显示,农民会遭遇各种困难:第一,最大的困难是"经济负担重"(24.7%);第二大困难是"工作忙,没有时间和精力照顾小孩"(20.6%);第三大困难是"当地学校不接收或额外收费"(18.2%);第四大困难是"小孩会受到歧视"(15.4%)。与此同时,还存在"在城市工作不稳定,经常换地方"(12.3%)的问题。可见,无论是在生活成本方面,还是在社会融入方面,将小孩带到务工地上学都面临着种种困难。

表2-18 幼儿园或小学阶段小孩存在的困难

单位:人,%

		N	百分比
幼儿园或小学阶段小孩存在的困难*	学校教学水平差	838	20.7
	学校硬件条件差	953	23.6
	课业无人辅导	793	19.6
	上学路途太远不安全	421	10.4
	本村没有小孩玩耍的公共场所或设施	585	14.5
	由爷爷、奶奶照看,缺乏父母关爱	415	10.3
	其他	41	1.0
总计		4046	100.0

*值为1时制表的二分组。

户籍制度下的农民虽是农村社区成员,却由于长期务工而不在农村社区的地理范围，这是农村社区服务所不能及的，建立能够衔接城乡的一体化社区服务，对于游走于城乡间的个体而言，显得至关重要。

表 2-19 将小孩带到务工地上学的困难

单位：人，%

		N	百分比
将小孩带到务工地上学的困难*	经济负担重	1263	24.7
	当地学校不接收或额外收费	932	18.2
	小孩会受到歧视	788	15.4
	小孩没有地方住	406	7.9
	工作忙，没有时间和精力照顾小孩	1055	20.6
	在城市工作不稳定，经常换地方	628	12.3
	其他	40	0.8
总计		5112	100.0

*值为 1 时制表的二分组。

其次，从社会边界及公共性边界来看，社区教育服务显得更为复杂且摇摆不定。第一，社会边界。乡村学校都有一定的辐射片区，在此片区内的适龄儿童及青少年就近入学，而是否接纳异地生源，一方面取决于该校的教学条件及教育质量，另一方面取决于该校的生源数量。一般而言，乡村学校大多处于生源紧缺状态，一是由于适龄儿童及青少年数量减少，二是由于就学"城镇化"导致生源流失。因此，对于农村社区教育服务社会边界而言，面临的主要问题不是是否或在多大程度上接纳异地生源，而是如何改善教学条件、提升教学质量，以吸引本地生源就近入学。

第二，公共性边界，即基础教育（学前教育和义务阶段教育）在多大程度上、在哪些方面属于社区服务范畴，在何种意义上属于国家范围内公共服务范畴，或者两者如何交错？集体化时期，在

"人民教育人民办"的口号下,生产大队、义务教育、社区服务基本重合,也就是说,基础教育是依靠集体的人、财、物使集体成员从中受益。这时,社区教育的公共性范围非常明确,即生产大队。然而,改革开放之后,特别是21世纪以来,随着《教育部关于进一步推进义务教育均衡发展的若干意见》(2005)、《国务院关于深化农村义务教育经费保障机制改革的通知》(2005)、《教育部关于贯彻落实科学发展观 进一步推进义务教育均衡发展的意见》(2010)等一系列政策出台,特别是2006年9月1日起开始实施的《义务教育法》中明确规定"国家将义务教育全面纳入财政保障范围,义务教育经费由国务院和地方各级人民政府依照本法规定予以保障",教育思路开始从"人民教育人民办"到"义务教育政府办"转变。国家试图从集体(社区)处接管基础教育,但是实践中这并不必然带来基础教育从"社区服务"到"公共服务"的转变:一是义务教育的提供主体与对象都是以户籍为边界的,对于日益流动的居民(如农民工)而言,会受很大限制;二是义务教育是由政府垄断性供给的,教育资源的布局受到政府偏好的影响,示范学校建设、优质教育资源的城镇化趋势以及乡村小学的合并减少等,变相带来了农民教育支出的增长;三是政府接管义务教育并未带来乡村社区教育服务的便利度及质量的提高,而是在"效率"逻辑下,导致社区教育资源的流失及城乡教育差距的进一步拉大。因此,对于农民而言,社区教育服务的公共性事实上在流失,而流失的部分再由农民自己来弥补。

表2-20 基础教育服务公共性边界及要素

私人承担部分		社区服务		(国家)公共服务	
学校距离	食宿费、交通费	学校距离	上学地理便利程度	学校内部教育	硬件设施
选择优质教育资源	择校费	成员福利性	社区成员的独享程度		师资力量
自主选择部分	空白作业本费、课外辅导或培训等				免学杂费、免课本费

基础教育公共性的达成是需要多重条件的。如果某些条件缺失，则意味着其公共性的流失。从学校距离来看，如果农民为选择优质资源，选择远离社区的城镇入学，学校距离超出社区范围，就超出了社区福利的范畴，无形中产生了择校费、交通费及其他费用。农民不仅享受不到由于地理便利带来的社区福利，反而由此引发了更多的个人成本。从社区成员独享程度来看，由于社区教育资源相对有限，能够服务的对象一定也是有限的。在此前提下，社区成员资格在一定程度上成为是否享有社区服务的"门槛"，也就是说，社区服务有一定的社会界限及排他性，其公共性范围主要体现在社区范围内，否则社区服务与公共服务之间的界限就模糊了。另外，义务教育阶段国家公共服务的实现，在一定程度上只停留在特定学校内部，而对于择校的农村儿童或青少年而言，学校距离的拉长，在增加农民教育支出的同时，事实上已经消解了其作为国家公共服务的实现程度。由此可见，无论是国家公共服务还是社区服务，其最终实现是有特定条件或前提的，公共性的实现程度取决于教育资源地域分布及就学便利性。

（二）农村社区医疗服务

"看病难、看病贵"一度是困扰农民的问题之一。从生命周期来看，青壮年在城务工，老年后回乡养老、治病，在一定意义上农村医疗服务承载着透支健康后的农民伤病康复任务，其便利性、功效性显得尤为重要。

从当前农村社区医疗服务布局来看，其功能主要由村卫生室承担。调查显示，有56.8%的调查对象表示所在村庄拥有1家卫生室，有20.1%的调查对象表示所在村庄有2家卫生室。可见，对农民而言，现有的农村社区服务点比较便利。调查数据显示，大多数人（64.4%）认为本村或附近卫生室能够满足居民的医疗需求，但是只有2.1%的人认为完全能够满足其医疗需求。35.6%的人认为本村或附近的卫生室难以满足居民的医疗需求，其中认为完全不能满足的占4.8%。

表 2-21 所在村庄卫生室数量

单位：%

		频数	百分比	有效百分比	累积百分比
有效	没有	321	15.1	15.4	15.4
	1家	1186	55.9	56.8	72.2
	2家	419	19.8	20.1	92.3
	2家以上	161	7.6	7.7	100.0
	合计	2087	98.4	100.0	
缺失	缺失值	3	0.1		
	系统	31	1.5		
	合计	34	1.6		
合计		2121	100.0		

表 2-22 本村或附近卫生室满足居民需求情况

单位：%

		频数	百分比	有效百分比	累积百分比
有效	完全能满足	44	2.1	2.1	2.1
	基本能满足	1300	61.3	62.3	64.4
	很难满足	643	30.3	30.8	95.2
	完全不能满足	101	4.8	4.8	100.0
	合计	2088	98.4	100.0	
缺失	缺失值	3	0.1		
	系统	30	1.4		
	合计	33	1.6		
合计		2121	100.0		

农村社区医疗服务资源有限，村卫生室也存在各种各样的问题：30.5%的人认为"药品种类少"，27.2%的人认为"缺少必要的医疗设备"，23.6%的人认为"医生业务水平低"，13.2%的人认为"卫生条件差"。

表 2-23 本村或附近卫生室存在的问题

单位：人，%

		N	百分比
本村或附近卫生室存在的问题*	医生业务水平低	789	23.6
	药品种类少	1017	30.5
	缺少必要的医疗设备	908	27.2
	卫生条件差	440	13.2
	距离太远	143	4.3
	其他	42	1.3
总计		3339	100.0

* 值为 1 时制表的二分组。

作为农村居民医疗的制度性保障，新型农村合作医疗在一定程度上减轻了农民的医药负担，但是也存在一些问题：首先，最突出的问题是 19.0% 的调查对象认为"医保范围内的药品种类太少"；其次，15.1% 的人认为"在大医院住院报销比例太低"；再次，13.0% 的人认为"在外地住院后回本地报销手续太麻烦"；最后，12.1% 的人认为"大多时间都在外地打工，在门诊看病或买药无法享受到新农合的实惠"。这也表明了现阶段我国医疗保障在外出务工人员保障方面的困境。

新型农村合作医疗的制度设计前提假设是：农民居住在户籍所在地，就地、就近看病。然而，现实状况与此相差甚远：一是农民处于大规模、大范围流动状态，农民在外地无法享受到户籍所在地的社区医疗服务；二是农民的重大疾病、农民工的在城状态及药物价格的城乡均等性，决定了其医疗消费的城镇化取向及水平。可见，新型农村合作医疗制度难以与现有的农民生活现状相适应。

表 2-24 新型农村合作医疗还存在的问题

单位：人，%

		N	百分比
新型农村合作医疗还存在的问题*	医保范围内的药品种类太少	1015	19.0
	无法用医保卡在药店买药	574	10.7

续表

		N	百分比
新型农村合作医疗还存在的问题*	在大医院住院报销比例太低	807	15.1
	在外地住院后回本地报销手续太麻烦	697	13.0
	新农合限制了农民到医疗条件好的医院看病	554	10.4
	大多时间都在外地打工，在门诊看病或买药无法享受到新农合的实惠	647	12.1
	在外地既没有办法办理新农合，也无法跨地区转移原有账户	418	7.8
	与城市医疗保障水平相差太大	552	10.3
	其他	77	1.4
总计		5341	100.0

* 值为 1 时制表的二分组。

（三）农村社区养老服务

农村老人以居家养老为主，家庭是养老的主要资源来源。调查显示，42.7%的老人和自己的儿子、儿媳居住在一起，20.8%的老人和配偶一起居住，12.4%的老人独自居住，而在调查对象中，只有1位调查对象表示自己家的老人住在养老院。从农村老人的居住情况来看，大多数老人养老依然靠儿子，但是值得注意的是，老人（或与配偶）独住占被调查者的33.2%。但如果考虑到年轻人外出务工这一点，前者的实际意义则会大打折扣。就此而言，老人所依托的家庭赡养主体事实上是缺失或虚幻的。

表 2-25 家中老人居住情况

单位：%

		频数	百分比	有效百分比	累积百分比
有效	与儿子、儿媳一起居住	888	41.9	42.7	42.7
	与女儿、女婿一起居住	136	6.4	6.5	49.3
	和配偶一起居住	432	20.4	20.8	70.0

续表

		频数	百分比	有效百分比	累积百分比
有效	与子女一起，但和配偶分开过	162	7.6	7.8	77.8
	自己单独居住	257	12.1	12.4	90.2
	在子女家轮流居住	66	3.1	3.2	93.4
	养老院	1	0.0	0.0	93.4
	其他	137	6.5	6.6	100.0
	合计	2079	98.0	100.0	
缺失	缺失值	1	0.0		
	系统	41	1.9		
	合计	42	2.0		
合计		2121	100.0		

表2-26 家中老人遇到的困难

单位：人，%

		N	百分比
家中老人遇到的困难*	没有困难	255	7.0
	有慢性疾病，医药负担重	681	18.6
	生活条件比较差	542	14.8
	空闲时间太少	475	13.0
	在家中地位低，得不到尊重	132	3.6
	缺少聊天对象	567	15.5
	缺乏老年活动场所	585	16.0
	年轻人外出打工没人照料	367	10.0
	其他	62	1.7
	总计	3666	100.0

* 值为1时制表的二分组。

老年人在生活中所遇到的困难主要是：18.6%的调查对象认为老人有慢性疾病，医药负担重；16.0%的调查对象认为村中缺乏老年活动场所；15.5%的调查对象认为老年人缺少聊天对象；14.8%的调查对象认为老年人生活条件比较差。可见，老年人面临的各种困难比重较为平均，但居首的仍然是医药负担。

表 2-27 过去一年给父母提供经济帮助情况

单位：%

		频数	百分比	有效百分比	累积百分比
有效	很经常	191	9.0	9.7	9.7
	经常	488	23.0	24.7	34.4
	有时	653	30.8	33.0	67.4
	很少	251	11.8	12.7	80.1
	完全没有	157	7.4	7.9	88.0
	不适用	237	11.2	12.0	100.0
	合计	1977	93.2	100.0	
缺失	缺失值	4	0.2		
	系统	140	6.6		
	合计	144	6.8		
合计		2121	100.0		

数据显示，八成的调查对象在过去的一年中给父母提供了经济帮助，经常提供的占 34.4%。

表 2-28 以后的养老打算

单位：%

		频数	百分比	有效百分比	累积百分比
有效	在家养老	1302	61.4	65.7	65.7
	在乡镇养老院养老	63	3.0	3.2	68.9
	在城市（包括县城）养老	161	7.6	8.1	77.0
	不确定	438	20.7	22.1	99.1
	其他	18	0.8	0.9	100.0
	合计	1982	93.5	100.0	
缺失	缺失值	2	0.1		
	系统	137	6.5		
	合计	139	6.6		
合计		2121	100.0		

数据显示，65.7%的调查对象希望老年在家中养老，22.1%的调查对象不确定将会在哪里养老。这些数据间接反映了中国传统的家庭养老观念在现在的农村社会仍然占据主导地位。

四　农村社区互助及市场化服务

（一）婚丧嫁娶

婚丧嫁娶是农民个体意义上的人生大事件，也是家族意义上的重大事件，因而总是伴随着隆重的仪式，而仪式的组织在一定程度上反映了互助结构及方式。数据显示，现在农村中婚丧嫁娶的主要组织者是本家族的人和亲戚朋友，共占85.0%，其中由本家族的人组织的占54.4%。虽然有些地方有专业公司的参与，但比例较低，只占被调查者的4.3%，可见婚丧嫁娶仪式的举行主要借助族人及亲戚朋友的互助。这一方面说明依靠互助方式在特定领域提供相应的社区服务依然有现实基础，这种基础主要建立在血缘、地缘基础上，传统的民间自治方式依然在发挥作用；另一方面，也说明婚丧嫁娶之类事务的市场化程度较低，依然主要是社区内部或家族内部事务，而非市场性事务。

表 2-29　村中婚丧嫁娶的主要组织者

单位：%

		频数	百分比	有效百分比	累积百分比
有效	本家族的人	1134	53.5	54.4	54.4
	亲戚朋友	639	30.1	30.6	85.0
	专业公司	89	4.2	4.3	89.3
	志愿组织	25	1.2	1.2	90.5
	村委会	42	2.0	2.0	92.5
	老人（协会）	115	5.4	5.5	98.0
	其他	41	1.9	2.0	100.0
	合计	2085	98.3	100.0	

续表

		频数	百分比	有效百分比	累积百分比
缺失	系统	36	1.7		
	合计	2121	100.0		

（二）房屋修建

对于农民而言，房屋不仅是其居住场所，也是其面子的象征，房屋的建造过程显得尤为重要。建房对农民的意义何在？20世纪八九十年代，山东北部地区 L 村农民建房时主要依靠两股力量：一是建筑队，往往是由本村或附近村落的农民构成，房主在建房期间提供伙食，并根据建筑面积支付建筑工费，建房用的材料，如砖头、木梁、水泥等，往往都是由房主先行买好；二是家族成员，虽然有专业施工队负责建房，但是建房期间的后勤服务及各种杂事需要有人去做，如搬砖、和水泥之类的小工，往往由家族成员男性参与，而家族内的女性则负责买菜、做饭，为施工队及前来帮忙的家族成员提供伙食支持。这两股力量在盖正房（如北屋）或大偏房时都会存在，而在盖小偏房或牛圈、猪圈时，单靠家族成员就可以完成。

这与在湖北调查时的情形完全不同。在湖北武汉城郊 W 村调查时，调查人员发现该村房子建造完全市场化，即盖房子完全交给施工队，按市场价给付工费，房主只是以老板或监督者的角色出现。这里的建房不是一个互助性的家族事务，而成了一个市场性的家庭事务，这件事依然重要，只是其实现的方式有所不同。

调查结果显示，在农村建造房屋主要是承包给建筑队建造，61.8%的调查对象家中的房子是建筑队建造的；其次，24.7%的人家中房屋由本家族的人建造；10.9%的人家中的房屋由亲戚朋友帮助建造。所以，农村房屋的建造者呈现多元的构成方式。

表 2-30 家中房屋的建造者

单位：%

		频数	百分比	有效百分比	累积百分比
有效	建筑队	1288	60.7	61.8	61.8
	本家族人	516	24.3	24.7	86.5
	亲戚朋友	227	10.7	10.9	97.4
	其他	54	2.5	2.6	100.0
	合计	2085	98.2	100.0	
缺失	缺失值	1	0.0		
	系统	35	1.7		
	合计	36	1.7		
合计		2121	100.0		

（三）市场化服务

便民利民服务是社区服务的一项重要内容，其大多时候是通过市场供给实现的，是商品供给者与农村消费者双方协商后的结果。然而，便民利民服务的可获得性，决定了其私人性与公共性的边界，也决定了其成效。所谓可获得性，主要是指农村居民购买生产生活必需品的便利性、可承受性。

第一，便利性。一方面，便利性涉及商品或服务种类的多样性及农村居民的满足程度，即能否及时地满足农村居民对生产生活必需品的需求。农村居民生产日渐多样、生活日渐丰富，所需的生产物资、生活用品也日趋多样，需求水平日趋分化。在这种情况下，当农村商店的商品通过市场机制无法满足农村居民的基本需求，而这些需求又是其生产生活不可或缺的物资或服务，比如医疗服务时，这种便民利民服务的私人性质就在两个方面朝公共性质迈进：一是个人权利，二是国家责任。

另一方面，便利性还涉及农村居民与商店或服务供给点之间的空间距离，即农民能否便利地就近购买到所需商品或服务。在此以彩电为例。彩电可谓当今农村居民必备的家用电器之一，但是由于距离的差别，农村居民获得彩电的成本及便利性不一。如表 2-31 所示，同样购买一台彩电，7.7% 的调查对象表示在本村就可以购买到彩电，13.9% 的调查对象需要到 9 千米以外的地方才能买到彩电。

表 2-31　彩电电器商店与本村距离

单位：%

		频数	百分比	有效百分比	累积百分比
有效	村内	160	7.5	7.7	7.7
	1~3 千米	631	29.8	30.2	37.8
	3.1~6 千米	671	31.6	32.1	70.0
	6.1~9 千米	338	15.9	16.2	86.1
	9.1~12 千米	129	6.1	6.2	92.3
	12 千米以上	161	7.6	7.7	100.0
	合计	2090	98.5	100.0	
缺失	系统	31	1.5		
合计		2121	100.0		

可见，对于不同的农村居民而言，同样购买一台彩电，由于距离的不同，其可获得性产生巨大差异。如果将社区服务设定一个地理边界，假设方圆 6 千米为其范围，6 千米以外则已超出其范围，那么对于当地居民而言，这项社区服务是缺乏的。如此而言，空间距离使社区服务可获得性差别巨大，也使社区服务对社区居民的意义产生变化，甚至较远的距离阻碍了居民对特定商品或服务的获取。由此，便民利民服务的性质随之改变，如图 2-2 所示。如果以方圆 6 千米为社区服务地理边界，在此范围内的服务供需是一种一般的市场交易行为，超出 6 千米但在居民可承受并可获得范围内的服务较前者则承担了更多成本，如交通费。若将距离推演至更远或存在地理障碍的地方（如山区），即除了绝对距离外还会受到基础交通设施等因素的影响，社区居民购买彩电或许变得不可能。这种情况是偏

远地区可能会碰到的。当通过居民个体、市场行为难以提供便民利民服务时，借助公共力量提供则不可避免，便民利民服务的性质也因此而改变。

图 2-2 彩电电器商店距离与社区服务公私性质变化

第二，可承受性，主要涉及农村居民能否购买得起所需商品。便民利民服务更多受市场支配，其供给是一种市场行为，因而其存续是以营利为基础的。便民利民服务之所以在农村社区存在，虽然说明有利可图，也间接说明其价格在大多数居民可承受范围内，但并未排除有一部分人由于各种原因无法、无力购买生产生活必需品，如特困户等。这些人群也成为政府等公共部门扶贫的对象，即使该项服务对于大多数社区居民而言属于便民利民服务，但对这些特困人群则成为一种公共福利。在此意义上，社区居民的可承受性也使便民利民服务性质发生转变，即居民可承受力越弱，其公共性越发明显。

图 2-3 居民可承受力与社区服务公私性质变化

本章小结

在城市化、工业化及市场化的进程中，农村社区日益开放、流动，社区成员随之异质化。在这种背景下，与传统社区密切相关的户籍、土地等因素对社区成员的身份认定日益式微，农村社区服务边界日益模糊。主要体现在两个方面：一方面，外来人员在农村社区所面临的差别对待，在一定程度上阻碍了社区融合；另一方面，外出人员既难以享受到户籍所在地的社区服务，也受到工作所在地的地域歧视，面临双重边缘化困境。

从调查结果来看，农村社区服务的供给与农民需求之间的差距非常明显。首先，传统社会组织，诸如社区组织、家族或家庭组织等，所发挥的社区服务功能在个体化、私人化转型过程中迅速弱化。其次，国家基本公共服务虽然已取得巨大进展，但仍然无法弥补传统社会组织所留下的空白，无论是服务水平还是服务方式，都难以与农民的生存状态相适应。最后，在传统社会组织、国家等公共机构所提供的社区服务难以满足民众需求的情况下，互助服务及市场化服务成为不得已的选择，而互助服务所能发挥作用的范围非常小，于是由个体买单的市场化服务大行其道。然而，市场化服务本身并不必然是私人事务，其可获得性决定了其公共性的程度。

第三章

基本公共服务的社区化实现

——以农村社区医疗卫生服务为例

一 医疗卫生组织科层化

(一) 行政化链条中的社区卫生室

社区（村）卫生室是根据国家制度设定的，并已被纳入医疗卫生行政体系中。当前农村社区卫生室的设立，特别是"一村一卫生室"的配置，并非市场化的结果，因为农村社区相对落后、分散、贫困，并不是每一个农村社区都可以衍生出依靠市场获利并维持生存的医疗机构。当前农村社区卫生室的设立是在国家一系列政策所搭建的制度框架下，由政府自上而下积极推动后的结果。从2002年开始，从中央政府到地方政府陆续出台各种文件，推动了农村社区卫生室的建立及完善，并进行了相应的功能定位，如表3-1所示。

表3-1 农村社区卫生室的政策依据及功能定位

年份	政策依据	农村社区卫生室功能定位
2002	《中共中央、国务院关于进一步加强农村卫生工作的决定》（中发〔2002〕13号）	发挥农村卫生网络的整体功能；卫生室承担卫生行政部门赋予的预防保健任务，提供常见伤、病的初级诊治

续表

年份	政策依据	农村社区卫生室功能定位
2003	《国务院办公厅转发卫生部等部门关于建立新型农村合作医疗制度意见的通知》(国办发〔2003〕3号)	在此文件颁布后，社区卫生室逐步成为新型农村合作医疗的定点医疗机构
2006	《卫生部等7部委关于加快推进新型农村合作医疗试点工作的通知》(卫农卫发〔2006〕13号)	有条件的地方，可根据实际情况，通过整合现有卫生资源，建立农村社区卫生服务机构，更好地承担农村疾病预防控制、基本医疗、健康教育等公共卫生工作
2007	《中央预算内专项资金（国债）村卫生室建设指导意见》(卫办规财发〔2007〕138号)	明确了卫生室的配置、功能及标准
2009	《中共中央 国务院关于深化医药卫生体制改革的意见》(2009)	支持村卫生室建设，对乡村医生承担的公共卫生服务等任务给予合理补助
2012	《湖北省新型农村合作医疗定点医疗机构管理办法》(2012)	将村卫生室作为定点医疗机构的主体之一

在一系列政策规定下，农村社区医疗卫生室被政府设定并发挥特定的医疗卫生服务功能，同时被纳入整个医疗卫生行政体系中。在这个体系中，社区卫生室被绑定在自上而下的行政链条中。医疗卫生资源的输送、各种政策及任务的传达或落实、对相应政策执行情况的监控，都处于这个自上而下的行政链条中，这个链条与政府行政序列大体同构，即中央政府及相关部门－省级政府及相关部门－市级政府及相关部门－县级政府及相关部门、县级卫生机构－乡镇政府、卫生院－（社区）村卫生室。各级医疗卫生机构（包括农村社区卫生室）除了为患者提供诊疗服务外，执行和落实自上而下的公共卫生任务及医疗保障制度成为其工作的重要组成部分。由于资源获取、资质认证、过程监管等环节都受到卫生行政主管部门的约束，在这个意义上，对于各级医疗卫生服务机构而言，这种行政管控而非患者的评判才是其能够得以生存及发展的重要支撑。

为了实现对社区卫生室的行政管控，地方卫生专管部门通过细化的标准、可操作化的指标对其进行考核。例如，湖北省L县对社区（村）卫生室的职责进行了详细的规定，并定期进行考核。从考核项目看，包含了综合管理、公共卫生服务、基本医疗服务、社会评价四大项内容。其分值排序反映了农村社区卫生室不同职责在政府考核中的重要程度，公共卫生服务所包含的内容最为丰富、繁杂，以 50 分高居榜首，之后依次是基本医疗服务（25 分）、综合管理（15 分）、社会评价（10 分），如表 3-2 所示。

表 3-2　湖北省 L 县社区（村）卫生室考核项目及分值

序号	1	2	3	4
考核项目	公共卫生服务	基本医疗服务	综合管理	社会评价
所占分值	50 分	25 分	15 分	10 分

对社区卫生室的细化考核，不仅关系到评优评先的荣誉称号，更与财政匹配资金紧密相连，直接关乎社区卫生室的生存，于是农村社区卫生室更为牢固地镶嵌于行政链条中。

农村社区卫生室既是公共卫生服务系统在农村的终端，也是新型农村合作医疗制度在农村执行的终端，不可避免地承担着自上而下的各项任务，成为上级医疗卫生机构的自然延伸，表现出科层化倾向。

就社区卫生服务而言，其职责的公共性及自上而下的执行性显而易见，湖北省 L 县对村卫生室和社区卫生服务站进行了详细规定，如下所示。

村卫生室和社区卫生服务站职责

1. 协助社区卫生服务中心/乡镇卫生院开展健康教育、宣传活动，发放宣传资料，普及健康知识。

2. 协助社区卫生服务中心/乡镇卫生院做好传染病报告以及病人处置、疫点消毒处理。

3. 按照国家规划免疫要求，协助社区卫生服务中心/乡镇卫生院开展预防接种工作。

4. 协助社区卫生服务中心/乡镇卫生院开展重点人群线索调查及基础资料登记造册工作。

5. 以 0~6 岁儿童，孕产妇，老年人，高血压、糖尿病、重性精神疾病患者等人群为重点，协助社区卫生服务中心/乡镇卫生院为辖区内居民建立健康档案并进行随访管理，适时更新档案信息。协助社区卫生服务中心/乡镇卫生院录入各类电子档案和及时更新信息。

6. 负责社区卫生服务站/村卫生室各类报表、基础资料和信息的收集、整理与上报工作。

7. 协助社区卫生服务中心/乡镇卫生院进行突发公共卫生事件以及肇事肇祸精神病人事件处理、卫生监督协管。

卫生服务具有较强的公益性，私人机构难以从中获利。公共卫生安全对于全社会而言具有非常重要的作用，作为公共机构代表的政府机构应责无旁贷地承担起公共卫生服务的组织及实施工作。如上所述，卫生服务是通过自上而下的行政链条输送的。农村社区卫生室作为这个链条的终端，直接面向广大农民提供社区卫生服务。社区卫生服务，与其说是社区的，不如说是科层的，因为其职责是由政府卫生主管部门设定并监管的，并且其主要职责是协助乡镇卫生院执行相应的卫生任务。

事实上，公共性的社区卫生服务是由政府的行政管制来保证的。在湖北省 L 县对社区（村）卫生室的考核项目中，单就"公共卫生服务"一项就占 50 分（总分 100 分），其内容涉及居民健康档案、健康教育、预防接种、儿童保健、妇女保健、老年人保健、传染病防治、慢性病管理、精神疾病管理、卫生监督协管、突发公共卫生事件 11 个小项，如表 3-3 所示。

表 3-3 湖北省 L 县社区（村）卫生室公共卫生服务考核标准

考核内容及分值	考核标准	主要指标
居民健康档案（8 分）	掌握辖区居民人口信息（村总人口数、总户数、分性别人口数、当年度出生人口数和死亡人口数），协助卫生院建立农村居民健康档案和电子健康档案，建档率达到规定标准	辖区居民人口信息数据准确；健康档案建档率纸质和电子分别达到 90%

续表

考核内容及分值	考核标准	主要指标
健康教育（6分）	按规定设置宣传栏并及时更换内容每年不少于6次；按规定发放宣传资料，举办健康知识讲座每两个月不少于1次	户外宣传栏位置醒目，按照全省规定样式和标准统一制作；宣传内容更换每年≥6次，并有记录；健康知识讲座每年≥6次，并记录齐全
预防接种（4分）	及时通知预防接种对象到乡镇卫生院进行接种，掌握流动儿童接种信息，及时发现未建卡儿童，及时发现并报告疑似预防接种异常反应病例，协助开展预防接种证查验、接种率调查和查漏补种工作	预防接种对象基本信息资料齐全；集中接种、查漏补种记录信息完整（包括接种疫苗种类、时间、地点、人员、对象接种后观察记录等）
儿童保健（4分）	在乡镇卫生院或妇幼保健机构的指导下开展新生儿访视，协助进行6岁以下儿童健康管理和随访，建档、建册，台账管理到位	儿童基本信息资料齐全，管理率≥95%；新生儿访视记录完整，每位新生儿访视≥3次；0~36个月儿童管理信息、记录完整，更新及时。开展5岁、7岁以下儿童死亡调查及督促7岁以下儿童健康体检。定期参加工作例会及培训
妇女保健（4分）	掌握辖区孕产妇人数，协助开展孕产妇保健、产后访视，建档、建册，台账管理到位。做好本村待孕、早孕妇女的叶酸补服工作	孕产妇基本信息资料齐全，管理率≥95%；孕产妇保健、产后访视记录完整；补服叶酸登记资料齐全，按时发放药品，完成率达到95%。掌握辖区内育龄妇女、孕产妇死亡情况及围产儿死亡、出生缺陷等信息
老年人保健（4分）	掌握辖区65岁及以上老年人人数及健康状况，并对其进行健康管理，建档、建册，台账管理到位，健康状况实行动态更新	65岁及以上老人基本信息资料齐全；健康管理率达到90%，健康状况动态更新每季度1次
传染病防治（6分）	及时发现并报告疑似病例，协助做好疫点处理和密切接触者的医学观察等工作。协助上级专业机构做好艾滋病和结核病的宣传、教育、指导服务与非住院病人的管理	有传染病防治预案，人员分工明确；传染病防治计划、实施、总结资料齐全；传染病报告率、及时率均达100%（门诊日志和传染病登记规范、完整）；传染病人及疫点、密切接触者处置符合规范；及时为艾滋病人或病毒携带者提供指导。及时督促疑似结核病人到县疾控中心检查、诊断，并做好转诊记录，转诊率达到100%，按规范完成本村结核病人的督导服药，填写病人治疗卡，及时报告病人出现的毒副反应或中断服药情况

续表

考核内容及分值	考核标准	主要指标
慢性病管理（6分）	为35岁以上居民首诊测血压，对高血压、糖尿病等慢性疾病患者开展健康教育及随访，建档、建册，台账管理到位	掌握辖区慢性病人基本情况；高血压、糖尿病等慢性病人随访每两个月≥1次，且记录完整，档案更新及时；慢性病人健康教育方案、措施、实施、效果评价等记录完整、及时；管理率和规范管理率均≥90%
精神疾病管理（4分）	掌握辖区内重性精神疾病患者人数及基本情况，协助对重性精神疾病患者开展系统管理，建档、建册，台账管理到位。对疑似精神病人报告乡镇卫生院请县精神卫生中心排查确诊	重性精神病人基本信息资料齐全，管理率和规范管理率均≥90%；定期随访并及时记录；无疑似精神病人漏报
卫生监督协管（2分）	负责上报农村聚餐加工单位基本情况，对50人以上的聚餐进行现场指导，上报本村卫生违法行为，在专业机构指导下调查居民饮用水情况，指导分散式供水水质的处理	及时上报，及时登记，无一漏报
突发公共卫生事件（2分）	按要求提供基本公共卫生服务以外的其他公共卫生服务，协助处理突发公共卫生事件	有突发公共卫生事件处置预案，人员分工明确；突发公共卫生事件报告、处置及时

就社区医疗服务而言，包含了两个方面的内容：一是在新型农村合作医疗制度下，政府与农民共同出资的互助式社区医疗服务；二是在新农合之外，农民私人购买的市场化医疗服务。可见，社区医疗服务也是混杂了公共性、互助性及私人性等多重性质。与社区卫生服务的预防性、长效性及普遍性不同，社区医疗服务更具即时性、个性化特点。然而，两者类似的是，都处于自上而下的行政管制之下。湖北省L县同样对社区（村）卫生室基本医疗服务设置了相应的考核标准（如表3-4所示），其内容包含了服务质量与规范、基本药物制度、新农合管理和服务、执行医疗规范四大项内容。

表3-4 湖北省L县社区（村）卫生室基本医疗服务考核标准

考核内容及分值	考核标准	主要指标
服务质量与规范（10分）	严格按执业许可开展诊疗项目，处方书写规范，台账记录完整清楚，合理用药，不滥用抗生素、激素、维生素；不过度用药；医疗废弃物按规范要求处理	门诊、消毒、抢救、药品器械、出巡诊等登记资料、信息齐全，门诊日志书写合格率≥90%；合理使用抗生素，按要求使用基本药物，处方合格率≥90%，抗生素2联及以上联用处方百分比≤10%，激素使用处方百分比≤3%，静脉输液处方百分比≤15%；无菌观念和无菌操作、医疗废弃物处理符合规范要求，医疗废弃物管理符合率≥90%
基本药物制度（5分）	按规定配备和使用基本药物，并实行零差率销售。药品费用控制在合理水平	基本药物采购、配送、使用、管理符合规定；药物统一由全省基本药物中标企业提供且申领、消耗登记资料齐全；未发现使用基本药物目录以外药品。均次处方药品费用不超过15元/人次，单处方费用药品最高限价30元/张
新农合管理和服务（5分）	做好新农合政策宣传，做到门诊费用即时结报，执行新农合有关制度、规定，定期公示参合农民医疗费用补偿情况	新农合宣传上墙、及时公示；实行信息化管理，村级医疗机构就诊实现即时结报并操作规范；严格执行新农合政策，无违规行为发生
执行医疗规范（5分）	严格执行医疗技术操作规范，严格消毒措施，杜绝医疗事故，防范医疗差错	医疗环境整洁、清洁、污染区域分界清楚；无医疗责任事故发生

（二）社区医疗卫生服务组织结构科层化后果

1. 社区卫生室负责面向：对上＞对下

无论是公共性的卫生服务、互助性的合作医疗，还是市场化的医疗服务，其有效供给并非理所当然，同时这些医疗卫生服务又涉及国计民生，由此政府的介入成为促使这些社区医疗卫生服务"落地生根"的重要或者说决定性因素。从某种意义上而言，政府介入被看作是医疗卫生事业公共性的保障，而自上而下的医疗卫生行政体系决定了处于其中的各个主体面向的更多的是对上而非对下。当然，这并非意味着这种行政体系对民众需求的漠视或忽略，而只是说明这种机制独有的特点。在这种服务体系下，民众对社区医疗卫生服务的评判也是通过行政体系来实现的。在湖北省 L 县对社区（村）卫生室的考核项目中，"社会评价"在列，占 10 分（总分为 100 分），如表 3-5 所示。

表 3-5 湖北省 L 县社区（村）卫生室社会评价考核标准

考核内容 及分值	考核标准	主要指标
医德医风 （4 分）	服务态度良好，服务环境整洁	统一着装、统一胸牌标识；无查实的医德医风方面投诉
群众满意度 （6 分）	随机调查 20 名以上辖区内居民，满意度≥90%	辖区内居民满意度≥90%

从湖北省 L 县对社区（村）卫生室的四项考核内容来看，前三项内容为公共卫生服务、基本医疗服务、综合管理，对于农村社区卫生室而言，前三项是自上而下的指标，具有很强的规定性，总共占 90 分；自下而上的社会评价则只占 10 分。从中可以看出，就政府监管角度而言，在农村三级医疗卫生服务体系中，农村社区卫生室完成自上而下的前三项任务，相较完成自下而上的社会评价，具有更高的优先级。

正是在这种自上而下的组织链条中，农村社区医疗卫生服务机构既处于其上级机构的管理范畴，又需要对社区的服务对象负责；既要完成自上而下的医疗卫生服务任务，又受到社区情理的约束并提供专业服务。显然，左右农村社区医疗卫生服务行为的是自上而下的政府监管，一方面是由于这种监管具有现实的组织依托及制度保障，另一方面是由于医疗卫生资源是自上而下调拨的。相较而言，社区居民对社区卫生室的评价及约束，既不会对其产生直接的影响，也缺乏相应的体制机制保障。

2. 社区医疗市场：垄断性＞竞争性

新型农村合作医疗制度的实施，一方面推动了医疗保障制度的建设，在一定程度上缓解了农民的医疗负担；另一方面由于新型农村合作医疗与指定医疗机构挂钩，由此导致了指定医疗机构与非指定医疗机构的区分，在一定意义上维护了前者的垄断性。非指定医疗机构无法参与到医疗卫生市场的蛋糕切割中，不仅使指定医疗卫生机构在资源注入上得到了政府的倾斜，保持了在医疗条件方面的优越性，而且在医疗市场中由于医疗机构被指定而框定了参保人员的选择范围，使其处于相对垄断的地位。这在一定程度上使医疗卫生机构的合法性来自上级行政主管部门而非患者。

在农村三级医疗卫生体系中，社区卫生室对居民的医疗卫生服务不是单独发挥作用，而是作为三级医疗卫生服务体系中的一环行使其职能，如表3-6所示。

表3-6 卫生保健提供者概览

	住院服务	门诊服务	预防和公共卫生
县	县医院、私人诊所、妇幼保健院（妇产）	县医院、私人诊所、药店	县卫生局、疾病控制中心、妇幼保健中心、计划生育服务站、专科疾病防治机构、卫生检查监督所、县医院
乡	乡卫生院、私人诊所（在住院服务方面能力有限）	乡卫生院、私人诊所、药店	乡行政、乡卫生院、计划生育服务站
村		村卫生室、药店	村卫生室、计划生育干部、懂医者

资料来源：世界银行东亚与太平洋地区编著《改善农村公共服务》，中信出版社，2008，第49页。

农村居民在不同层级、不同类型（公立或私立、指定或非指定）医疗卫生服务机构以及诊疗方式的选择，除了与自身病情及医疗条件等因素有关外，还与新型农村合作医疗制度的导向性有关。笔者在湖北省H县Z村调查时，该村医生Q讲述了新型农村合作医疗制度下农民的就医选择。

案例：新型农村合作医疗制度下农民的就医选择

Q医生，在乡村行医27年。Q医生说合作医疗在乡镇卫生院和乡村卫生室这一级别让村民收益较大，乡镇卫生院住院百分之九十的报销，特别是对精准扶贫对象住院不要钱还管饭，让好多老年人住进去了就不想走。乡村卫生室现在实行药品零差价，以前合作医疗交得少的时候，一个点滴 30 多块钱，合作医疗报销 30%，群众还要负担 20 多块。现在药品实行零差价，一个点滴只需要 10 多块钱，价格便宜了，很多村民今天打完了明天还让他接着打。农民的负担确实减轻了，但是乡村医生的收入受到了很大的影响，药品实行零差价后，乡村医生从药品里赚不到什么钱。在县医院这一级别，合作医疗把县医院给搞活了，但对村民来说收益相对没有那么大。合作医疗虽说能够报销，但是医院的收费却提高了很多。他拿他父亲举了一个例子。他父亲有前列腺疾病，到县医院住了 6 天院，花了 4000 多块钱，合作医疗给报销了 2400 块，自费了 1600 多块，这 6 天在医院就做了两个 B 超、一天量一次体温，他算了一下，成本加起来不过五六百块钱，虽然有了合作医疗，县医院的收费也提高了很多。

二 激励机制的市场化

无论是从国家目标还是从民众基本需求角度看，将医疗卫生服务定位为基本公共服务，其公益化的目标似乎理所当然。然而，在农村社区层面，社区医疗卫生机构本身何以有动力去实现这一目标，则是一个悬而未决的问题。

20 世纪 80 年代初，伴随着经济改革的大潮，医疗卫生领域的市场化改革也随之开启。《国务院批转卫生部关于卫生工作改革若干政策问题的报告的通知》（国发〔1985〕62 号）中指出："在医疗制度上，可以实行看病收费，也可以实行合作医疗或其他的办法。村卫生机构可以由集体经济组织办，也可以承包给乡村医生和卫生员集体办；可以扶持乡村医生或卫生员自己办，也可以由卫生院下村设点；可以办卫生所，办联合诊所，也可以个人开业。"此时医疗卫生服务市场化改革，既是社会整体转制的一部分，也是为应对转型时期医疗卫生服务的财力不足、供给不足、激励不足等一系列问题。然而，"市场化改革的最初20余年中，过度商业化的农村基层卫生服务机构及其人员，陷入'上不着天下不着地'的尴尬境地：失去了保障的农民群众，对卫生服务的相对支付能力更低了；失去了上级财政和村社力量支撑的乡村基层卫生机构及其人员，所谓的'自动化'市场金钱激励，成了'负激励'，以至于其中略强的乡镇卫生院凭借残存的行政强制力，靠侵更弱的村卫生室'苟延残喘'。"①

以营利为目的的市场化改革，使医疗卫生服务既背离了民众的基本需求，也在一定程度上威胁到此项民生政策的合法性。随着经济社会的发展及国家财力的提升，对医疗卫生服务的纠偏工作逐渐展开，主要表现为提高政府财政的投入比例，使由私人性向公共性转变，主要表现在两个方面。

一是在成本分摊方面，逐渐建立和完善了新型农村合作医疗制度。在此制度下，中央政府、地方政府和农民共同分担大病医疗费用，成本分摊主体更为多元化，农民医疗负担大为缩减。在政府的积极推动下，新型农村合作医疗制度覆盖面和受益人群大幅提高，湖北省 L 县参加新型农村合作医疗的农村居民由 2007 年的 440266 人上升到 2011 年的 484965 人，比 2007 年增加了 44699 人，参合率为 98.5%，农民综合补偿率提高了 20%。2007 年全县累计补偿参合群众 72209 人次，累计补偿医药费用 1003 万元，其中住院补偿 9586 人次，补偿金额 777.96 万元，平均每人次补偿 812 元；2010 年度，全县共为 423158 位参合农民补偿了医药费用 6768 万元，其中住院补助 33579 人次，补偿金额 5575 万元，平均

---

① 李爽：《村社力量与农村基层卫生服务治理模式研究》，人民出版社，2014，第58页。

每人次补偿1660元，农民平均每人次补偿金额翻番。与此同时，政府补助逐年提高，如表3-7所示。

表3-7 湖北省L县2007~2013年缴费及补助情况演变

单位：人，元

年份	参合人数	个人缴纳及国家补助				
		个人缴纳	国家补助			
			中央	省	县	合计
2007	440266	15	20	16	4	55
2008	447314	15	40	32	8	95
2009	479765	20	40	32	8	100
2010	481250	30	60	48	12	150
2011	484965	30	108	67.2	24.8	230
2012	481143	60	132	76.8	31.2	300
2013		60	156	86.4	37.6	340

资料来源：湖北省L县新农合办公室2013年总结。

二是在药物供给方面，逐渐实行基本药物制度，试图转变"以药养医"的局面，以便实现人人享有基本医疗卫生服务、减轻患者用药负担的目标。我国于2009年8月发布《关于建立国家基本药物制度的实施意见》，并先后两次颁布《国家基本药物目录》（2009年和2012年）。湖北省L县在对农村社区卫生室的考核内容中，要求"按规定配备和使用基本药物，并实行零差率销售。药品费用控制在合理水平"，并规定"基本药物采购、配送、使用、管理符合规定；药物统一由全省基本药物中标企业提供且申领、消耗登记资料齐全；未发现使用基本药物目录以外药品。均次处方药品费用不超过15元/人次，单处方费用药品最高限价30元/张"。

在新型农村合作医疗制度与基本药物制度下，农村社区医疗卫生服务供给与农民需求之间的鸿沟大为缩短，在一定程度上缓解了由于市场化带来的医疗负担过分膨胀的局面。

虽然农村社区医疗卫生服务朝公共性方向迈进了一大步，但是与农民的需求比，两者之间的差距依然很大。在以经济为中心的大背景下，市场化的思路贯穿在农村医疗卫生服务体系之中。

首先，资源配置遵循效益优先原则。在农村县乡村三级医疗卫生服务网络体系中，医疗资源的配置呈倒金字塔型。在最基层的农村社区，其医疗设备、医生专业素质等相较而言都是最差的，同时乡村医生待遇相对而言也是最差的，并且其并不属于卫生系统的在编人员，社会保障水平较低。其后果是，农村三级医疗卫生服务资源中，虽然很多是政府干预配置的结果，但是其配置原则却是遵循效益优先原则，使优质医疗卫生资源上位化，即倾向于县城大医院、忽略农村社区卫生室。于是，在医疗卫生市场化的大环境中，农村社区本来弱势的医疗卫生资源被进一步"挤出"。一方面是医生被"挤出"。年轻、专业素质较高的乡村医生或是医学专业毕业的大学生更倾向于在县城或乡镇以营利为目的开设私人诊所。在课题组所调查的湖北省、山东省的多个农村社区，留在卫生室的医生大多年龄偏大，很多都是"赤脚医生"。湖北省L县W村医生J说："现在乡村医生的年龄普遍偏大，很多年轻人不愿意为乡村服务，很大一个原因是乡村医生的待遇和编制问题没有解决。这个问题不解决，很难吸引人才下乡。当然，从2012年开始，针对这个问题政府开始有了一些举措，如黄冈医学院开设了2个班，叫'进社区卫生院'项目，3年免学费，学生毕业之后到乡镇卫生院工作。"另一方面是患者被"挤出"。正是由于农村社区医疗条件从硬件到软件都较差，社区内部的患者能够停留在卫生室诊治的空间被进一步压缩。在课题组所调查的湖北省W村，据乡村医生J介绍，他平时所做的一般诊疗工作就是"给居民量个血压、治个小感冒、开些常用药，若有急诊或稍大点的病就会转诊到乡镇卫生院或县医院"。

其次，市场化机制是社区卫生室等医疗机构运行的重要激励机制。虽然在新型农村合作医疗制度下，公共财政投入比例大有提高，但是这无法促使社区医疗卫生服务机构有效运转，市场化激励成为其中重要的一种方式。在课题组所调查的湖北省武汉市郊区的P村，该村P医生介绍道："纯粹依靠上面的财政拨款根本无法维持卫生室的正常运转，因此通过卖药赢得的利润作为补充。由于农村留守老人居多，很多都是慢性病，中药的效果比西药要好一些，所以从卖中药中可以获得一些利润。这样卫生室才能运行下去，才能维持家计。"与此相反相成的是农村社区医生所处的尴尬境地，他们既没有享受到公共财政及医疗卫生系统在编人员待遇，又没有在医疗市场中获取足够的利益。湖北省W村医生J介绍道："乡村医生现在的待遇大概一年有20000多块钱，其中一部分是人头包干，乡村医生从中拿劳务费。如一份健康档案是40元，乡村医生从中拿40%；健康档案可以累加，比如说一个人既65岁以上，又有高血压和糖尿病，这样就是3份健康档案。乡村医生没有解决编制和待遇问题，现在也没有养老保险；兽医现在是事业编，但是乡村医生不是。"

再次，农村各级医疗卫生机构的逐利行为犹存。在新型农村合作医疗制度下，无论是社区卫生室还是乡镇卫生院、县医院，其逐利行为并未受到有效约束，从而分解了新型农村合作医疗的公益性。据湖北省L县新农合办公室主任F介绍："医疗机构趋利性在新农合制度实施中的表现，主要是部分医疗单位的各种不规范医疗服务行为导致单病种医疗费用较合作医疗制度实施前明显增高。通过对其费用结构进行分析，发现主要有以下几种现象：不合理检查，主要是存在不必要的检查和重复检查，特别是价格较昂贵的大型检查项目；不合理用药，主要表现在不合理的抗生素应用上，基本以使用价格昂贵的抗生素为主，大处方、长时间连续应用，甚至有选择使用价格昂贵的辅助治疗药品的现象；不合理治疗，无论是否病情需要，滥用各种监护设备等；不合理收费，超医疗服务项目等级、范围、标准、时间收费，自立项目收费，费用清单出现高于医嘱记录的收费；药品价格虚高，药品价格普遍高于药店零售价格，部分将处方药品剂量分解按最小规格剂量累加收费；医务人员为追求经济效益诱导农民挂床住院治疗，串换合作医疗不予补偿的药品等。这些不规范、不合理医疗服务及收费行为，挫伤了农民参加合作医疗的积极性，也加大了群众对医疗机构的不信任感。"

最后，政府采购与药物涨价。如前所述，社区卫生室处于自上而下的行政链条中，须执行上级下达的各项政策，包括采用基本药物目录中的药物。然而，同时面临医药厂商的逐利行为与政府采购的强制性规定，社区卫生室对药物的涨价无可奈何。湖北省W村医生J介绍道："一般来说政府采购的药品要比市场上的药贵，这部分是由于政府采购的药品都会有17%的增值税，必须要开发票，而在药店买只需要开个单据就可以了，不需要缴税。具体说卫生院的基药跟药店的价格有多大差别的话，比如10多块钱的高血压药，卫生院里买要比药店买贵1块多，但是在乡镇卫生院买药还是要比较划算，因为我们这边有30%的报销。"谈到基药的疗效问题，J主任说："确实存在基药效果不好的现象，比如说白加黑、快克等效果比较好的都不进基药目录，这些品牌药一进基药目录就涨价，比如说酚氨咖敏，以前没进目录是三四块钱，现在进了基药目录要七八块钱，并且现在老百姓在外面的药店基本买不到这种药，药店基本不卖。进基药目录以后卫生院的药和药店的药价格差不多，药店为了追求利润，也为了追求效果就不卖这种药了。比如说，下午茶颗粒以前是5块钱，现在进基药目录以后是11块，云南白药以前是11块，现在进目录以后是20多块，等于说无形当中把药价抬高了。可以这样说，管用的药在卫生院买不到或不能享受报销，品牌药一进基药目录就涨价。也有一些进基药目录价格降低的药，比如说一些药以前卖2块，现在进基药卖1块，但很多药就是应付一下，慢慢不生产了。谈到政府采购药药价不降反升的原因的话，一个思路是，政府的采购权在省里，药品的监管需要一定的成本，这个钱肯定就加在药品上了。"

三 公益目标的社区化实现

(一) 公益目标的设定

之所以受到自上而下的政府管制,是因为社区医疗卫生服务既是满足民众的基本生存需求的组成部分,也是国家合法化的重要指标之一。因此,其具有鲜明的公益性色彩。然而,如何能够真正实现公益任务的普惠性,则是一个复杂的问题。其中,如何能够激励相关主体投入这项公益事务中,则至为关键。除了上文所提到的科层体制性压力外,市场机制也是非常重要的手段。然而,市场化机制的动力在于追求个人利益最大化,与私人利益密切相关,势必与社区医疗卫生服务的公益目标相悖。这也正是我国医疗卫生保障水平日益提高,而"看病难、看病贵"的问题依然存在的重要原因之一。

新型农村合作医疗制度是国家组织实施的社会保障制度,其定位是"由政府组织、引导、支持,农民自愿参加,个人、集体和政府多方筹资,以大病统筹为主的农民医疗互助共济制度"[1],旨在"重点解决农民因患传染病、地方病等大病而出现的因病致贫、返贫问题"[2],以保障农民正常的生活。从新型农村合作医疗制度设计来看,其公益目标及"兜底"功能昭然若揭。为了实现这一目标及功能,除了对普通农民住院进行相应报销外,还专门对农村贫困家庭实行医疗救助,其"医疗救助对象主要是农村五保户和贫困农民家庭。医疗救助形式可以是对救助对象患大病给予一定的医疗费用补助,也可以是资助其参加当地合作医疗。医疗救助资金通过政府投

---

[1] 参见《国务院办公厅转发卫生部等部门关于建立新型农村合作医疗制度意见的通知》(国办发〔2003〕3号)。

[2] 参见《中共中央、国务院关于进一步加强农村卫生工作的决定》(中发〔2002〕13号)。

入和社会各界自愿捐助等多渠道筹集。要建立独立的医疗救助基金，实行个人申请、村民代表会议评议、民政部门审核批准、医疗机构提供服务的管理体制"①。

关于贫困家庭的医疗救助，各地方不尽相同，但都给予了更大的政策支持及补偿比例，在湖北省 L 县，根据《L 县新型农村合作医疗实施方案》，"农村五保户对象在县内乡镇卫生院住院的，取消起付线，其他均按普通病人同等标准补偿；在县级定点医疗机构住院的，实行零起付线，按 80% 补偿；在县外住院的，除保留零起付线外，其他均按普通病人同等标准补偿"。然而，对困难人群进行医疗救助能否顺利实现，关键在于政府财政能否提供足够的支持。对于 L 县而言，负责此项事务的低保局面临较大的资金压力，但又必须使困难群众看得起病，L 县采取了以下两个方面的措施：一是进一步提高救助标准，低保对象由年救助 5000 元提高到 6000 元，个人自付部分报销比例由 30% 提高到 50%，五保对象由年救助 7000 元提高到 10000 元；二是提高准入门槛，取消对非保障对象的救助，从而缓解资金压力。截至 2012 年 6 月，L 县累计救助大病对象 3892 人次，救助资金达 472 万元，人均救助 1213 元。

除困难人群外，L 县的医疗救助覆盖范围尽量照顾到更为广泛的层面。一是精神病人。考虑到精神病人既是残疾人又是弱势人群的特殊性，对在县级精神病医院住院的精神病人，其医药费补偿比例提高到与乡镇卫生院相同。二是外出务工人员。考虑到 L 县每年有 12 万名左右外出务工人员，他们生病时不可能都能及时回乡到定点医院就诊，特将县外非定点医疗机构和未按规定办理转诊手续者的住院费用，在比照县外定点医疗机构各段补偿比例基础上由按

---

① 参见《中共中央、国务院关于进一步加强农村卫生工作的决定》（中发〔2002〕13 号）；参见《关于加快推进新型农村合作医疗试点工作的通知》（卫农卫发〔2006〕13 号）。

50%补偿提高到按80%补偿，尽量照顾在外务工人员的利益。三是对参加新型农村合作医疗的孕产妇住院分娩每例补助由100元提高到200元。四是为鼓励使用中医药及适宜技术，对于中医药及适宜技术的费用提高补偿5%，促进医疗手段和方式的多样性及适用性。

（二）公益目标的社区化

虽然农村社区医疗卫生服务的公益目标是自上而下由政府设定的，但是社区卫生室身处社区中还须遵循社区情理及地方性逻辑。社区卫生医疗机构与社区居民之间的距离最小，除了地理位置上的距离最为接近外，医疗卫生服务方式也更"接地气"。

社区医护人员一般被称为"乡村医生"，其行为方式具有很强的社区情理性。从社区医疗卫生服务机构的人员来看，主要包含两大类：第一类是由原来的乡村赤脚医生转换而来，仍占有相当大的比例，一般为本社区居民；第二类是受过专门的医学教育的人员，中专或大专毕业，不一定是本社区居民。无论是土生土长的赤脚医生，还是外来的医护人员，由于处于社区这一"熟悉的社会"，医护人员的服务方式须遵循社区情理。换言之，这不仅涉及专业医疗卫生知识，还须考虑到社区居民的可接受性，主要体现在以下两点。一是如何治疗。在山东L村调查时，乡村医生在开处方时会和患者商量诸多事项，比如治疗感冒，是吃药还是打吊瓶；若打吊瓶的话，是打几次；若有几种药可供选择时，会询问患者更倾向于吃哪种药。据该村医生介绍，其实很多时候建议患者吃个感冒药，但是很多人还是选择打吊瓶，主要是因为见效快。可见，医疗卫生服务方式的选择不仅是医生根据病情对患者所做的客观诊断，还受制于患者的主观体验。二是上门服务。当前的农村社区常住居民中老弱病残居多，行动多有不便，因而社区医生上门服务成为其重要的工作方式。据湖北省红安县W村医生介绍，他的电话24小时不关机，村里人若有突发疾病他可随叫随到。有一次半夜他接到一个女性村民的电话，对方已经 60 多岁了，老伴突然中风，当时家中只有二老，女儿在外打工不在家。当时这位医生自己也无法治疗，就立即叫了一个车，帮忙把患者送到县人民医院。从这里可以看出，乡村医生在农村社区中不仅是一个具有专业技术的职业，还是与社区居民保持一种具有互助色彩的邻里关系的"好邻居"。正因为如此，社区居民选择就医地点时，不仅考虑医疗机构的医疗水平，还考量医生的"为人"。

山东 L 村有 1000 余人口，有两个村卫生室，分别处于村东头、村西头。村东头的医生 LH，为人朴实，本村甚至邻村人随叫随到，上门服务是家常便饭，并且其开的药比较便宜，受到本村居民的一致欢迎，L 村西头的居民也时常到 LH 处就诊。与此形成鲜明对比的是，村西头的医生 LD 邻里关系不是特别融洽，村民们反映 LD 比较小气，开的药比较贵，相比 LH 所在的卫生室，到 LD 所在的卫生室就诊的病人则少得多。

如果说农村社区医护人员服务行为是一种源自社区的行为逻辑的话，那么自上而下的医疗救助同样会经过社区化改造。如何认定贫困家庭、谁有资格获得医疗救助与社区内部规则密切相关，这关系到新型农村合作医疗制度公益目标的社区化问题。

当年 30 多岁做书记时，正值税费负担最重的时期。当时到农民家里铲稻谷、搬电视等行为太过分了，有点对不住自己的良心。当时有各种想不到的税费，比方不管养不养猪都有屠宰税等。原来那些钉子户，能拖就拖能欠就欠的，反而占了便宜，想方设法按时缴纳税费的老实人则吃了亏。到了 1998、1999 年左右，村干部与村民的矛盾已经非常激烈。村干部到村民家收税费时，村民家的父亲、儿子等一家人都准备跟村干部打架，村干部就顺势说,"你们抓紧想办法把税费交了",说完就走了。2002年之后,国家规定不再允许跟拖欠农户追缴税费。到了现在,为了让当年的老实人不白吃亏,只要有些补助,包括确定贫困家庭等事项,我们会优先考虑原来那些老老实实上缴税费的人,不考虑拖欠的人。①

可见,贫困家庭认定并非纯粹遵循一种客观标准,而是与社区伦理密切相关,即"贫困家庭"不仅是一种经济方面的考量,还是一种社区情理方面的评估。从社区情理的内涵来看,除了与社区传统相关的价值观念外,凡是政府自上而下所下达的任务,在社区层面往往会形成一种新的社会评判标准。在W村,税费时代的抗缴或逃避税费者、新农村建设时期抵抗拆迁安置者,被冠以"钉子户"的名称,其贬损之义甚为明显。尤为关键的是,这一评判不仅停留在社区干部层面,还成为社区居民相互攀比的重要依据。也就是说,面对政府在不同时期所下达的任务,社区居民较少质疑其本身的正当性及合理性,即使质疑也主要停留在言语层面,主要观察的是执行相同政府任务或享受相同社会福利时相互之间的付出或获得的多少,这也成为公平性的重要评判依据,对于之后能否享有或享有多少社会福利具有累积性的影响。W村村民L的经历在一定程度上反映了这方面的问题。

案例:一个农民的低保诉求与社区遭遇

L,男,65岁,老婆58岁,有两个孩子——一个儿子、一个女儿。他年轻时候当过兵,自从去年(2015年)开始有了退役军人补贴,每个月290多块钱,养老金70块,加起来每个月有300多块钱。老婆2008年开始中风,现在不能走路、不能说

---

① 来自2016年9月21日对湖北省W村支部书记C的访谈。访谈时支部书记C 55岁。

话；儿子大学毕业，现在在浙江上班，平时很少回来；女儿嫁到麻城，有时候回来看看。

L说现在低保非常不公平，哪个跟大队干部关系好，哪个拿低保、是贫困户，他们都比他过得快活些。能说能跳能跑的得低保，拿到钱打牌，去炸金花，反正低保很不公平。村民对这个事情有意见，"村干部说你去告啊"。总体来说，村干部在这些事情上的权力太大，上面有政策，下面干部说了算，干部也不摸情况，谁跟他关系好，就闷着让你填，（得低保）别人都不知道。村民到上面反映问题，反映到乡里，乡里干部到下面来搞点吃的喝的就走了，根本不能解决问题，有问题反映不动。现在扶贫问题是这样的：下面的人不告诉村民什么样的人能拿低保，什么样的人不能拿低保，什么样的人能扶贫，什么样的人不能扶贫，只是让关系好的填，不深入群众。一般来说有残疾证的能拿低保，现在有的人通过关系办了残疾证，却能挑草，能干活。大爷只身到乡里反映过低保问题，乡长的助理下来找小队、大队的干部，大队的干部说他是"造妖风"，后来他又去乡里找，上面的人告诉他们让他们不要理会大爷。大爷到上面告了好多次，上面的人说让下面的开个证明，他们不是不批，但下面不给办，不给写东西。现在村里有低保、五保、一般贫困、临时救济四类，大队的人都是闷着搞，也不开会，也不评议，政策可操作的空间很大，照顾100块、300块、500块、1000块都是照顾，都由他们说了算。现在低保最大的问题就是没有个明确的规定——什么人能享受低保。前两年大爷没有办法，就把老婆弄到大队书记家里，让大队书记管她吃、管她喝，大队书记没办法就给了500块钱。"我去弄他他就给，不去弄他就不给，以后再不行，我就搞个牌子，弄个车，推着她到红安县政府游行示威。"

说起住院看病的问题，老婆偏瘫2008年住进了县医院，花了八九万块钱，当时住院给报销了1万多块，后来经济不行就回来了，当时住院是按30%报，只有打吊针的给报，其余的检查费都不给报。谈到现在的报销问题，大爷说现在的低保户、贫困户一住院医院都不收钱。买药的话，县医院里的药要比外面药店卖得贵，多潘立酮片医院里卖18块钱，在外面药店13块或者15块就能买到。

简言之，政府自上而下的任务或福利下达，在社区层面形成特定压力的同时，也在形塑社区情理的某些侧面。同样，在社区医疗卫生服务中，对"贫困家庭"的认定也是国家公益目标社区化的结果。

本章小结

农村社区医疗服务远远超出了社区的范畴，在一定意义上是国家基本公共服务在社区空间的实现。农村社区医疗服务一开始就是被国家所设定，并通过科层化的上级压力层层推动，以兑现社区医疗服务被赋予的国家目标及民众期待。于是，农村社区医疗服务被深深地刻上了科层化的烙印，从而导致其唯上性及垄断性的结果。处于医疗卫生行政网络之中，包含农村社区卫生室在内的各种主体不仅是公益主体或代表，还是医疗市场中的利益主体，各种逐利行为在所难免，而这些逐利行为是在国家特定的市场化激励机制下发生的。虽然政府采取各种措施抵制市场化的逐利行为对基本医疗服务的背离，但是基本医疗卫生服务的公益目标与私利动机及行为之间的张力依然巨大。

农村社区医疗服务既然是在社区空间内实施的，无论是行政干预还是市场介入，特定社区的地方性知识都会重新形塑医疗卫生服务的社区意义。换言之，国家标准的普遍性、医疗市场的逐利性，在农村社区空间内都会遵循社区情理进行再改造。当然，这种重塑是有限度的，并且前两者的逻辑对后者具有重要的规制作用。

第四章

农村社区服务的运动式供给
——基于鄂东四村的调查

一 引言

如何实现国家对社会的有效治理，一直是学界关注的重要课题。就国家对社会的治理方式而言，大体有两种理论流派：一种是以韦伯为代表的科层式治理，另一种就是近些年逐渐为大家所辨识的运动式治理，后者是本章所关注并探讨的治理方式。

运动式治理的研究源于这样一个现实，即国家行动何以时常超越科层组织，通过非常规的方式开展？运动式治理不仅存在于"大跃进"时期①，而且存在于改革后社会治理的各种领域中②③④⑤⑥，

---

① 参见周飞舟《乡镇政府"空壳化"与政权"悬浮"》，《中国改革》2007年第4期；宋连生：《总路线、大跃进、人民公社化运动始末》，云南人民出版社，2002；李锐：《大跃进亲历记》（上、下），南方出版社，1999。
② 参见吴毅《小镇喧嚣：一个乡镇政治运作的演绎与阐释》，三联书店，2007。
③ 周雪光：《一叶知秋：从一个乡镇的村庄选举看中国社会的制度变迁》，《社会》2009年第3期。
④ 狄金华：《通过运动进行治理：乡镇基层政权的治理策略 对中国中部地区麦乡"植树造林"中心工作的个案研究》，《社会》2010年第3期。
⑤ 荀丽丽、包智明：《政府动员型环境政策及其地方实践——关于内蒙古S旗生态移民的社会学分析》，《中国社会科学》2007年第5期。
⑥ 折晓叶、陈婴婴：《项目制的分级运作机制和治理逻辑——对"项目进村"案例的社会学分析》，《中国社会科学》2011年第4期。

甚至存在于更为久远的历史脉络中①。可见，运动式治理不是偶然事件，而是具有深刻的历史与制度渊源。本章中社区服务供给就是在这种运动式治理的框架内进行的。

运动式社区服务由省级政府发动，经由"省－市－县－乡（镇）"的行政链条，辅之以各级政府机关单位、部属高校等组成的驻村工作组，最终到达村庄及居民。村庄受到行政传感影响，动员村庄内外资源回应自上而下的运动式社区服务。能否达成省级政府所期望的合法性重塑与提升，则取决于运动式社区服务在农村社区取得的实效，即其能否与农村居民社区公共交通服务需求相吻合。

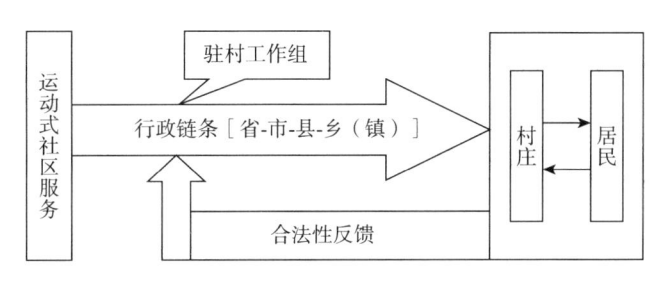

图 4－1 运动式社区服务逻辑

（一）资料来源

笔者于2015年先后两次、历时15天进入四个村落进行实地调查，主要通过三种方法搜集研究资料：一是运用参与式观察的方法，以"三万"工作组成员身份对湖北省M村、X村、Y村、Z村在"三万"活动中的具体行动进行观察，以此了解四村在其中扮演的角色及其动因；二是运用非结构式访谈的方法，对20余位农民做了深入的访谈，搜集了第一手资料；三是运用问卷法对村民社区交通服务状况进行了解。对于样本的选取，笔者采用随机抽样的方法，选取400名农民作为样本，发放问卷400份，回收400份，有效问卷

---

① 周雪光：《运动型治理机制：中国国家治理的制度逻辑再思考》，《开放时代》2012年第9期。

400份，问卷回收率100%，有效率100%。将问卷调查所得数据录入SPSS 17.0数据库，并进行分析。

（二）研究对象基本情况

四个村落所属的K镇地处黄梅县腹地，土地面积126.5平方公里，耕地面积73407亩，人口11万，辖35个行政村、382个村民小组。京九铁路、合九铁路在K镇交会并建站，黄黄高速、105国道、孔武省道、龙孔省道纵横过境。可见，K镇的对外交通十分便利。四个驻点村的基本情况如表4-1所示。

表4-1 四村基本情况

基本情况	M村	X村	Y村	Z村
村民小组（个）	6	7	8	8
人口数（人）	2087	1958	2660	2059
户数（户）	452	465	—	525
党员人数（人）	63	66	56	60
耕地面积（亩）	2077	—	1480	1812
湖田面积（亩）	—	—	603	600

从四村的位置来看，都处于K镇政府驻地的周边，最远的M村距离K镇也仅为3公里，最近的X村则紧邻K镇。也就是说，就距离而言，这四村到乡镇都是比较近的。

二 运动式社区服务的政府动员

（一）"村村通客车"："三万"活动的2015年主题

在正式阐释运动式社区服务——"村村通客车"之前，不得不先交代"三万"活动的来龙去脉，这也是前者之所以发生的大背景。"三万"活动是中共湖北省委、省政府开展的以农村发展为主的活动，从 2011 年至 2015 年已经开展了五轮（如表 4-2 所示），每年围绕特定的主题持续 3 个月的时间。2015 年，"三万"活动的主题是"夯实'三农'基础，改善农村民生，实现客运到村，建设美丽乡村"，主要解决农民群众出行难、出行不安全等问题。

表 4-2 2011~2015 年"三万"活动主题

	主题	解决问题
第一轮	万名干部进万村入万户	了解群众的各种诉求和民意
第二轮	万名干部进万村挖万塘	主要解决农村塘堰建设问题
第三轮	万名干部进万村洁万家	主要解决农村环境卫生问题
第四轮	万名干部进万村惠万民	加强农村基础、改善农村民生、服务"三农"发展
第五轮	夯实"三农"基础，改善农村民生，实现客运到村，建设美丽乡村	主要解决农民群众出行难、出行不安全等问题

"三万"活动是由省委、省政府发动的，在此过程中农村社区服务的主体更为多元，既包括省直机关及部属各高校、省级以下各级人民政府及各部门，也包括村级组织。这种形式下的资源主要来源于省级财政及其各级参与主体。既然政府有组织健全的各级行政组织，何以在现阶段采取这种运动方式向农村输送社区服务？

首先，快速转型引发的农村社会变迁。21 世纪以来，由于政府一系列惠农政策的推行与实施，农村社会得以快速发展，然而面临的各种新问题也是显而易见的，诸如"空心村"、留守人员、农业基础设施建设及农业用地撂荒等问题。处于极速转型期的农村社会出现的各种新问题、新现象、新矛盾都是前所未有的，因而很难用惯用的方式方法去解决。其次，科层制机构与基层群众关系的变化。从法律和理论上而言，村民自治是通过村民自治组织实现的，可以有效收集民意并自主解决村域事务，在实践中却受到各种条件限制。即使村民自治能在实践中顺利实施，农民与政府机构的连接仍然缺乏制度化的渠道，特别是在"不出事"逻辑的影响下，政府机构与民众的联系变得更为疏远。基于此，超越固有的科层化途径的群众工作则成为应对新形势、摸清民情的一种方式。当然，这种方式并非首创，正如时任湖北省委书记李鸿忠所言："干部到农村进村入户，是我们党在长期革命和建设中探索出来的动员群众、组织群众、服务群众的一种好传统、好办法。""三万"活动被政府定义为新时期群众路线的实践，当然具有鲜明的群众路线特质，李鸿忠指出："开展这次活动重在'全覆盖'和'增感情'，落脚点是密切党与人民群众的血肉联系。'全覆盖'就是这次活动要覆盖所有行政村、所有农户，让干部的脚印'印'到每个农户家中，面对面、手拉手、心连心地做群众工作，把党的阳光、政府的关怀送到每家每户。'增感情'就是这次干部进村入户，不是简单地送钱送物，而是重在增进干部与群众的感情，密切党与人民群众的血肉联系。做好当前的群众工作，不是单纯的财力问题，其中很重要的方面是干部作风问题、是对农民的感情问题。要饱含深情地开展这次活动，让广大党员干部通过宣传政策、走访民情、为民办事，切实增进同农民群众的感情，牢固树立群众观念。"

在湖北省委办公厅、省政府办公厅下发的《省委办公厅 省政府办公厅关于2015年在全省开展第五轮"三万"活动的通知》（以下简称《通知》）也指出："继续在全省开展'三万'活动，是深入贯彻落实中央精神、加强和改进群众工作、夯实党的执政基础的重大举措，是加强'三农'工作、全面深化农村改革、推进美丽乡村建设的迫切需要，是加强农村社会治理、提高农村公共服务水平的现实要求，也是顺应群众呼声，解决农民群众反映突出问题的惠民之举。"从省级政府来看，其群众路线及群众需求指向是非常明显的。从农民群众反馈来看，部分群众对之前的具体工作表示肯定，诸如挖水塘，而有些工作的持续性则受到质疑，如垃圾处理，部分群众对今年的"村村通客车"主题也表示谨慎乐观。

（二）运动主体及方式：政府主导、多方参与

从全省范围看，参与主体既包括各级党委和政府所属机关这类

常规机构，也包括省军区、各军分区（警备区）、人武部机关，各人民团体及部分大专院校、企事业单位、金融机构，通知要求这些机构派出干部参与，组成约 8700 个工作组，到全省所有行政村驻点工作三个月。①

所调查的鄂东四村，作为"三万"活动驻点村，由武汉某部属高校（以下简称 N 高校）负责。N 高校与四个驻点村在日常工作中是无直接联系的，而"三万"活动却使完全没有任何瓜葛的两者产生了某种联系。N 高校的驻点工作组在四个村并非独立开展工作，而是受领导小组及办公室统一调度及管理，市、县、镇每级政府内部都设有"三万"活动领导小组及办公室。驻村工作组与当地政府、驻点村之间的关系及在其中扮演的角色都是非常微妙的，其表现有二。一是 N 高校驻点工作组并非本地常规工作机构和人员，并且与当地政府、村委会互不隶属、互无直接利害关系，这一点当地政府工作人员、村干部都是心知肚明的，因而 N 高校驻点工作组难以建议或推动当地政府做出或改变某项政策，而村委会对驻点工作组的意见或建议，多数也是当面表示应允，而最终是否能够吸取并实施则完全取决于其自身的考量，如工作组人员与 Z 村支部书记联系见面时，后者时常借故推托。二是就乡镇政府、村委会与驻点工作组之间的关系来看，乡镇政府与村委会的直接利害关系是显而易见的，后者评优评先、各种涉农项目的划拨权，前者都有决定权。由此，基层政府的村治取向直接影响着村委的决策。与此相比，驻村工作组对四个驻点村的影响方式则相当受限，更多地体现为直接的物资援助，诸如捐献树苗、联系本校医疗队行医、本校外教到当地中学宣讲、本校科研人员指导农业种植技术等。从调查可知，村干部希望从工作队获得的，也主要是这些物资援助。四个村对这些物资援助也是存在竞争关

---

① 《省委办公厅 省政府办公厅关于 2015 年在全省开展第五轮"三万"活动的通知》（鄂办文〔2015〕1 号）。

系的，如工作组将100多棵绿化树苗给了Y村，M村支书多次提到此事，并不讳言"怎么只给他们一个村"。这也从一个侧面说明村庄对外来资源输入的期望非常高。基层政府、驻村工作组与四个驻点村的关系如图4-2所示。也就是说，基层政府与四个村的关系是实在的，而且无论从相互关系，还是资源流向方面，都是以基层政府向四个村庄的单向输入为主，四个村对上级存在相互竞争关系，这种竞争关系在驻村工作组的资源输入上也同样存在。由于驻村工作组的临时性、角色的外置性，其与地方政府、四个村的关系都处于比较虚弱的层次。另外，基层政府与四个村的关系比驻村工作组与后者的关系更具延续性，即四个村对基层政府相关政策及资源输入的执行程度直接决定了其在政府评价体系的位置、后续资源的再输入力度，导致村委会的行政化倾向非常明显。这也是21世纪以来"乡-村"关系的新变化，"新的任务和需求进一步推动乡镇政府更积极地强化村委会的行政化：一是经济发展和创造财政收入的冲动；二是公共服务均等化……乡镇政府职能的实现更加依赖村委会、村支部，反过来也总想把它们变成自己的下属或代理人，'行政化'由此得以展开"①。与此相比，驻村工作组的临时性决定了其影响的局限性。

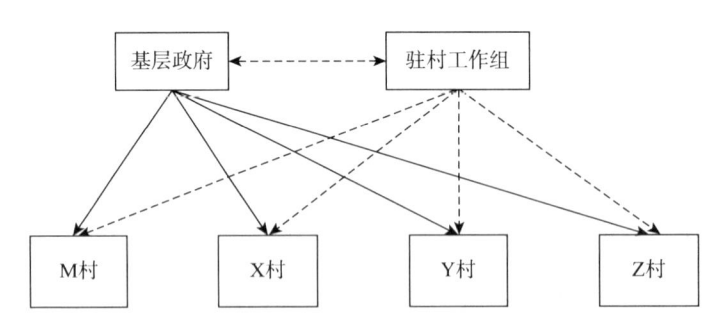

图4-2 基层政府及驻村工作组与四个村庄的关系

---

① 王春光：《中国乡村治理结构的未来发展方向》，《人民论坛·学术前沿》2015年第3期。

（三）运动资源：来源及方式

《通知》中要求把握的基本原则之一是"坚持整合资源、统筹使用"，具体而言就是"在不改变有关涉农项目资金渠道、性质和用途的前提下，本着各负其责、各尽其力、各记其功、统筹安排、集中使用的原则，捆绑资金、集中投入，以获得最大效益"。根据《通知》，"三万"活动资金主要来自以下几个方面，见表4-3。

表4-3 "三万"活动资金来源情况

资金来源		数额（元）	资金用途
省级财政通过一般性转移支付下达市县		3亿	村村通客车
省直有关部门	省交通运输厅从农村公路建设和养护资金	10亿	24.5亿	—
	省农业厅从农村能源建设资金	4亿	
	省国土资源厅从农村土地整理资金	3亿	
	省水利厅从小型水利设施维修养护资金	3.5亿	
	省住建厅从村庄整治资金	2亿	
	省环保厅从农村环境综合整治资金	0.5亿	
	省林业厅从林业生态建设资金	1亿	
	省人社厅从农民转移就业培训资金	0.5亿	
省直每个工作组		10万	
各市（州）、县（市、区）		尽力而为、量力而行	—
国有企业（包括中央在鄂企业、大中型道路客运企业、城市公交企业）、民营企业、社会团体以及其他有识之士		—	农村公益事业
行政村		村级集体经济收入	—
		村民自愿捐资或投劳	

上述资金来源是按照省级政府统一安排的，这些资金显然不是平均分配的，地方政府对这些资金具有统筹安排的权力，并且在相关村庄，这些资金并非先下达再进行村村通等相关建设，而是先建设再投放资金。是否投放资金、投放多少，则取决于该村建设的成效。截至本次调查结束，2015年"三万"活动资金还没有下达到

村，各村根据自身财力陆续着手相关建设。

表4-4 四村"村村通客车"相关建设进度

四村	道路拓宽及硬化	道路两旁绿化	站牌、警示牌、减速带（由县交通局包给施工队对相关路段统一施工）
M村	√	√	√
X村	—	—	√
Y村	×	√	√
Z村	√（先前完成）	√	√

三 运动式社区服务的受众视角

（一）社区公共交通服务缺失下的农民出行选择

这里的"社区公共交通服务"主要是指为满足当地居民日常生活中短距离出行需要而提供的公共客运服务。总体而言，一方面乡村交通以营利性为主，没有类似城市准公共物品性质的客运服务；另一方面乡村客运线路主要是从乡镇开始、向城市延伸，村与村、村与乡镇之间没有任何公共交通工具。与此不相称的是，农村常住居民的日常生活范围及交通需求恰恰在村与村、村与乡镇之间。在这种情况下，农民的出行只能是自助的。

1. 农民出行特点及局限

与其他大多数农村类似，K镇绝大多数青壮年劳动力都在外务工或做生意，四个驻点村也不例外，由此决定了当前农村常住居民以中老年人与未成年人为主，他们也成了出行的主体。当然，这不排除在节假日，尤其是春节期间大批外出务工人员返乡，使进出村庄的人员多元化、出行方式多样化的情况，正如当地村干部所言，春节期间由于很多人开着小汽车回家，乡村道路上大面积堵车。但这毕竟是个别时期，我们在此主要考察农村常住居民的常态出行。K镇Y村、Z村、M村、X村四个村，共有28个小组，农业户籍人口

15380人。在当前开放的社会环境下，几乎每个人都有潜在的出行需求，只是不同年龄层的群体出行需求存在差异而已。调查发现，当地农村常住居民的出行主要呈现以下几个特点。

首先，出行目的以购物、接送小孩为主。老年人出行以购物、接送小孩为主，少数村中青年则是工作需要。从问卷调查结果来看，接小孩、购物两项各占33.9%、44.1%，仅此两项共占78%。

表4-5 平时出行的目的

单位：%

出行目的	频数	百分比	有效百分比	累积百分比
接送小孩	130	32.7	33.9	33.9
购物	169	42.5	44.1	78.0
听戏	24	6.0	6.3	84.3
做生意	36	9.0	9.4	93.7
其他	24	6.0	6.3	100.0
合计	383	96.2	100.0	

图4-3是下午放学时，在四村附近的一所学校门口大批电动三轮车等待接孩子放学的场景。

图4-3 电动三轮车等待接孩子放学场景

该校既有幼儿园，也有小学、初中，在校学生近2000人，覆盖附近至少8个行政村。调查发现，家长接送小孩的方式有以下几种：一是大多数家人自行接送自家小孩；二是个别邻居之间拼一辆电动三轮车；三是少数家长出钱订一辆有十几个座位的大面包车，这辆大面包车每次接送两三趟。

当然，摩托车、电动（三轮）车接送小孩会存在安全隐患，比如M村之前就发生了一件重大的交通事故，老人在接小孩放学回家途中，在105国道附近与一辆大挂车相撞，造成1死2伤，伤者比较严重，到现在也无法康复。该校校门口就是105国道，该学校内有幼儿园、小学、初中，每天上学、放学的人流量很大。在这种情况下，一方面，校门口仅有该校自己做的简易减速带，没有红绿灯，过马路需要行人、电动车、摩托车以及行驶在105国道上的车辆自行协调；另一方面，每天放学时间，接孩子的摩托车、电动三轮车等占据了门口105国道的半边道路，使通行道路短时受阻、出现交通混乱，易出现交通事故。

其次，短距离出行频率比较高。调查显示，农村居民每天出行1~2次的达40.4%，3~5次的占25.9%，5次以上的占23.9%。

表4-6　一天出行的次数

单位：%

次数	频数	白分比	有效百分比	累积百分比
0次	38	9.5	9.8	9.8
1~2次	157	39.3	40.4	50.2
3~5次	101	25.3	25.9	76.1
5次以上	93	23.3	23.9	100.0
合计	389	97.4	100.0	

最后，出行工具以电动车、摩托车为主。从出行方式上看，农民以步行、摩托车、电动车（尤其三轮电动车最为普遍）为主。农民选择出行工具主要从价廉、实用两个角度考虑。一辆三轮电动车

价格在 2800 元左右，既可坐人、接送小孩，又可载物、方便到农地干活。从问卷调查结果来看，选择摩托车或电动车出行的高达 69.2%，如表 4-7 所示。

表 4-7 平时的出行方式

单位：%

出行方式	频数	百分比	有效百分比	累积百分比
摩托车/电动车	269	67.6	69.2	69.2
搭麻木车	10	2.5	2.6	71.7
步行	58	14.6	14.9	86.6
自行车	23	5.8	5.9	92.5
小汽车	24	6.0	6.2	98.7
其他	5	1.3	1.3	100.0
合计	389	97.7	100.0	

注：麻木车，地方用语，一般指三轮摩托车。

之所以绝大多数农民选择摩托车、电动车作为主要交通工具，还因为其目的地距离较近，问卷调查显示 77.2% 的人平时都是以 K 镇作为主要目的地。

表 4-8 平时主要目的地

单位：%

目的地	频数	百分比	有效百分比	累积百分比
K 镇	298	74.7	77.2	77.2
九江	37	9.3	9.6	86.8
小池	12	3.0	3.1	89.9
龙感湖	7	1.8	1.8	91.7
黄梅	18	4.5	4.7	96.4
其他	14	3.5	3.6	100.0
合计	386	96.8	100.0	

当然，也有人选择步行去乡镇的。我们在 M 村遇到两位老爷爷，一位 83 岁，一位 84 岁，用他们的话说，"由于年纪较大、反应慢，开电动车不安全"，所以如果要到乡镇上看戏，一般是选择步行，一般走 30 多分钟。如果各村的农民要到县城、小池、九江等较远的地方，可以将摩托车、电动车或三轮车停放到车站附近，由专人看管，一次 3 元，不计时，然后他们再转乘客车。

可见，农民短距离出行需求非常明显，而私人化的出行方式虽然满足了个性化的需求，却也导致了重复线路上私人交通工具的混杂，既浪费了资源，又潜伏着一定的安全隐患。不仅如此，私人化的出行方式无法满足所有群体的出行需求，上文所提及的两位 80 多岁的老人以及其他老、弱、残等群体就面临着这种问题。

2. 农民对出行的公交化期待及应对

私人化的出行方式并不意味着农村居民对社区公共交通缺乏需求，而是实属无奈之举。恰恰相反，调查显示，农村居民对公交运营的期待非常强烈，在问及"村村通客车，通什么车比较符合实际"时，76.1% 的人都选择了"公交车"，并且希望每天经过本村 3 个及以上班次的占 94.8%。

表 4-9 "村村通客车"中期待的通车类型

单位：%

通车类型	频数	百分比	有效百分比	累积百分比
电瓶车	61	15.3	16.4	16.4
公交车	283	71.1	76.1	92.5
普通荷载 15 人的客车	21	5.3	5.6	98.1
荷载 30 人的客车	6	1.5	1.6	99.7
其他	1	0.3	0.3	100.0
合计	372	93.5	100.0	

表 4-10 希望车辆一天经过的班次

单位：%

班次	频数	百分比	有效百分比	累积百分比
1~2 班次	19	4.8	5.2	5.2
3~5 班次	123	30.8	33.7	38.9
6~8 班次	110	27.6	30.1	69.0
9 班次及以上	113	28.3	31.0	100.0
合计	365	91.5	100.0	

农村居民对公交化的期待并不仅仅停留在口头上，在具体行动上也有所作为，从 2010 年 K 镇"电瓶车运营"事件可见一斑。先是部分农民自发投入电瓶车运营，生意兴隆，大受欢迎，后来电瓶车运营却被地方政府叫停。事情经过如下。

K 镇 8 名农民筹资约 25 万元购置了 6 辆电动旅游观光车，每辆车可乘坐 11 人。6 辆电瓶车穿行于 K 镇 3 千米范围内，招手即停，上车 1 元，残疾人免费。之前在此距离内居民多乘坐麻木，麻木一般上车 2 元，远一点还要另外加钱。对于居民而言，电动旅游观光车相比麻木的优势在于：一是价格便宜且固定；二是上下车方便，对作为出行主体的老年人而言，这一点很重要；三是驾驶平稳、乘坐舒服。在电瓶车的竞争优势下，很少有人再乘坐麻木。

电动观光车受到居民热烈欢迎、红火运行不过 10 天之后，便被当地政府叫停，理由如下：一是这些车辆无驾驶执照、无牌照、无运营证、无保险，存在安全隐患；二是由于其所穿行的 105 国道线路权属于他人，在此路段载客运营，不可避免地会引发经营权纠纷；三是诸多麻木司机由于生意受损而到镇政府抗议。于是，电动观光车运营无疾而终，而小镇客运又回到"麻木"时代。

由上述事例可知，农民出行需求、市场供给与政府管理之间出现某些偏差，使市场自发出现的回应民众需求的新型准公共交通运营"流产"。从调查来看，地方政府一方面没有主动回应民众对社区公共交通的需求，另一方面却因担心承担安全监管责任而强制叫停，而不是顺势引导市场自发出现的准公共交通服务，由此导致了客车供需分离，也使"政府－市场－民众"三者关系出现隔离，出现了政府垄断却不供给的怪现象。

（二）任务下压与村庄应对：运动式社区服务的基层困境

政府动员下的"村村通客车"有明确的任务要求，即在什么时间、按照何种标准、完成到何种程度，这些任务要求通过各级政府层层下压，最终到达村庄，而村庄要完成这些任务要求则面临种种困境。

一定标准的公路是汽车通行的必要条件。当前，四个村连接主干道的道路都是水泥路。按照"村村通客车"的要求，道路须从原来的3.5米拓宽到6.5米。在道路拓宽过程中，将会面临以下问题。

一是资金问题。对于缺少集体经济支持的村庄而言，修公路一直是一笔巨大的支出，但是出于上级政府的硬性要求或者为了获得争取新项目的资本，修公路却是一项不得不完成的任务。资金的来源在很大程度上取决于村干部的"神通广大"。从对四个村庄的调查来看，修路资金的来源主要有政府投入、村庄自留资金、民间企业家赞助、农民集资。然而，各个村筹集资金的情况千差万别，在此仅以M村为例。

> M村连接乡镇的那条约4千米的主干道宽为6米，是2007年修建的，共花费80万元，其中县交通局出资20万元，K镇

一个地产开发商捐赠40万元，村委会出资约4万元，村民按人头集资158900元。

据该村村干部介绍，他们经常在县相关部门及乡镇走动，为村里基础设施建设筹集资金，少到几千元，多到几万元。可见，不论是政府出资还是社会捐资，都具有明显的特殊性、偶然性及临时性，这既取决于村干部对村庄内部公益事业的工作积极性，也取决于其对外"化缘"能力。两者的差异也导致了众多村庄的基础设施水平千差万别。对于M村支部书记而言，其本身就是一名从事纺织生意的企业家，有能力处理各方关系。至于为何有这种积极性，据他说主要有两点：一是"自己富起来后，确实想为村里做些事情，一旦想做就要做好，否则睡不着觉"；二是"要想获得政府更多的项目支持，必须先将村里的基础设施建好，只有前期工作做好了，才容易争取项目、争取资金"。

二是线路与占地问题。"村村通客车"首先要保证道路的宽度与标准符合其通行条件，而道路修建或拓宽势必会占用该路线上的土地。换言之，道路的选择及拓宽与须占用的土地密切相关。就当前而言，四个村已经在2010年左右修建了连接大公路、宽为3.5米的主干道。按"村村通客车"的要求，须将其拓宽到6米以上，这次拓宽虽然不涉及线路的重新选择问题，但仍涉及占地问题。我们从Y村上次修路的过程可见一斑。

> 首先，线路选择与责任分工。Y村呈环状分布，不像别的村庄是直线状，修路不好修。2010年修路的时候开了3次村民代表大会才确定路段，规划采用每个小组修一段的方式。
> 其次，资金筹措。当时，修公路每千米造价24万元，国家补贴40万元，村里补贴7万元，村民集资每人100元，也有80元、50元的，一共修4.2千米，花了100万元左右，那时候可

以赊账。

再次，占地补偿。村里的路段自己修，路基村集体出资铺设，集体修路基，占用了耕地的，村里就少收税费，如占用了人家家里的3亩地中的5分地，就按照2亩地的面积收费，再加上国家的补贴，村民的积极性就提高了。

据该村村干部介绍："现在选择路线的问题不存在了，道路拓宽却要占耕地。现在路面的宽度都差不多3米，希望把这条路拓宽到7米左右，这样就会再占用一部分村民的耕地。Y村主干道占用了村里3组、4组耕地，村里按照每亩1600元的价格支付给村民，每年须支付3600元左右。今年国家补贴的钱现在还没有下来。对于接下来拓宽道路的过程中占用村民的耕地怎么处理，还有待进一步商榷。"

三是道路两旁绿化问题。为了美观，有条件的村庄（不是所有村庄）主干道两旁会种植树木。就四个驻点村庄来说，马路两旁都种植了绿化树木。

现在四个村在关于树木品种的选择上已经达成了一致意见，即在建设公路两边栽种樟树，价格在70元一棵左右，不仅比桂花树便宜还可以防止树苗被盗。Y村之前建的通村公路两边，一边种柏树，一边种樟树，隔6米一棵。树苗没有花钱，是县相关部门赞助的，村里负责拉过来。对于在马路两旁种植树木，绝大多数农民表示了认同，表示"很赞同，美化环境"的达67.5%，在利害关系方面农民表示"不要我出钱就行"的占18.2%。

表4-11 对村村通两边栽种樟树或者桂花树的看法

单位：%

看法	频数	百分比	有效百分比	累积百分比
很赞同，美化环境	249	62.6	67.5	67.5

续表

看法	频数	百分比	有效百分比	累积百分比
我家田地在边上，被遮住了阴，不好	20	5.0	5.4	72.9
没有田地在路边上，无所谓	26	6.5	7.0	79.9
不同意，浪费钱	7	1.8	1.9	81.8
不要我出钱就行	67	16.8	18.2	100.0
合计	369	92.7	100.0	

看似有益全体村民的好事也会遭遇尴尬。树木栽在农田旁边，给庄稼遮了阴，庄稼生长不好减产，村民自然会想方设法破坏，比如在晚上有村民把秸秆堆在树苗周围烧，把树苗烧死，导致树苗成活率在60%左右。道路两边要绿化，如何既要绿化又要保证这些树木的存活率是一个问题。

（三）运动式社区服务的村庄影响因素

从四个村庄来看，每个村实施方式与力度是有所差别的，这种差别受多方面因素的影响，其中村干部（尤其是村支部书记，其兼任村委会主任）、村庄集体经济状况、村庄动员能力以及与乡镇政府的关系状态四个因素对运动式社区服务的实施具有重要作用。

1. 村干部

同属一个乡镇的村庄，乡镇政府的治理目标与方式大体相同，作为连接"乡-村"两级关节点的村干部的态度及作为则直接影响甚至左右着社区服务的走向。M村与Z村都属农业型村庄，与X村、Y村相比，其村集体收入的来源只有依靠出租湖田，在这种情况下，争取政府资金项目成为社区服务的主要资源来源，而村干部的态度及行为取向则成为是否及能否获取政府资源支持的重要因素。

据M村现任村支书A介绍，他家族祖祖辈辈生活在M村，爷爷、父亲都是村主任。他当上书记也是无奈之举，其自己本身不愿意，而且家里人都反对他担任村干部，但是镇里还有村里的干部找过他好几次，所以他在前两年换届选举的时候参选，当上村委会书记。现在书记工资一年15900元，外加镇上奖励6200元，一共2万元左右；退休后待遇是书记每月1200元；上面划下来的办公经费是一年4.2万元。之所以不愿意做村干部，一是待遇低，二是农村工作比较复杂，比如在办事风格上如果自己的态度强硬会得罪很多人，态度不强硬又没有威信，没有人听从你的安排，村民不买账，所以自己只能尽量做到让大部分人满意，在职期间决策都尽量做到公开透明，如账目公开，每一笔钱财的用处都公示出来，不让大家说闲话。

正是有当村干部的家族背景及做生意的经历，A书记无论是在群众威信，还是在村治能力方面，都被乡镇政府给予了很高期望，其特殊背景与经历一方面约束其行为的私人化倾向，另一方面将督促其做出较其他村更大的成绩，用他自己的话说，"既然当了村支书，就想把事情做好，做不好就睡不好觉"。

对于A书记来说，"把事情做好"并不是一件轻而易举的事情。A书记的"事情"就近期而言，有以下几件。一是在（2015年）5月份召开一次党员大会，主要是总结去年的工作情况和做好今年的工作安排，参加的党员估计有60个左右，另外有8个村民代表。二是人才建设方面，"因为现在的领导班子都是50岁上下的人员，且年龄越来越大，村里目前计划培养两位预备干部，都是'80后'，都是在做生意的人，这样的人在做干部时会尽力，同时可减少经济上贪污腐败的可能性"。三是"村村通客车"的相关建设以及"一湖两岸"的建设改造。四是改造村委会的办公地点，把小学和村委会一起的建筑粉刷，门窗换新。可见，A书记的工作重点如下：一是着眼于与党员沟通、推进村务公开，试图使其作为得到村民的认可与支持，同时也是一个树立威信的过程；二是培养后备干部，保持其工作的拓展性与延续性；三是村庄基础设施的建设及社区服务的供给，这是 A 书记打算重点解决的事情，而村里的集体收入又极为有限，于是向上级政府及相关部门"筹钱"成为其一项常规工作。

与 M 村 A 书记不同的是，Z 村的 D 书记显得较为消极。D 书记同样是生意人出身，目前仍然一边做生意，一边履职村支书。与 A 书记积极从上级争取资源、谋划村级事务不同，D 书记更多地把精力放到自己的生意上，对于村务更多的是被动执行。如前所述，A 书记在村务公开、后备干部培养及基础设施服务等方面都做了总体的谋划与工作，而 D 书记则没有如此全面的谋划。不仅如此，在进村调查时观察到，A 书记都是在现场督促河岸整治、沟渠改造；在 Z 村，带领大家一起清理沟渠的不是 D 书记，而是 Z 村党支部副书记。

2. 村庄集体经济状况

一个村庄能否有效地执行任务或者实施其意图，在很大程度上取决于其集体经济状况。X 村与 K 镇接壤，极具地理优势。与此密切相关的是，K 镇最大的菜市场、新开发的部分楼盘以及临街的多处门面都属于 X 村，这是其他三个村庄无法比拟的。X 村在此次实施"村村通客车"中，并不依赖工作组或上级政府的资源支持；在公路两边绿化、站牌定制等方面，X 村都是由本村出钱，并且早已完成任务。

按集体经济收入从高到低排序的话，大体为 X 村、Y 村、M 村、Z 村，如表 4-12 所示。在"村村通客车"中，这些村完成效率与其集体经济收入呈正相关关系。

表 4-12 四个村集体收入来源

村集体	收入来源		
X 村	菜市场租金	门面租金	湖田租金
Y 村	—	厂房租金	湖田租金
M 村	—	—	湖田租金
Z 村	—	—	湖田租金

3. 村庄动员能力

运动式社区服务的实施有一个自上而下的传感机制，这种机制在村庄及以上层级可依靠行政压力与激励达成。在村庄动员民众层面，则无法通过行政压力实现有效动员，而是遵循一种乡土逻辑。在这种情况下，村庄动员更多的是依赖村级组织与农民的关系状态。

在 M 村，支部书记主要通过以下几种方式动员农民参与到"村村通客车"中来。一是在村中多处张贴宣传海报、宣传标语，促使农民被动知晓。在村庄多处显眼位置，农民都可以看到"热烈欢迎 H 大学'三万'活动工作小组指导工作"等标语。二是劳力集资，让农民主动参与。在集体经济收入有限的情况下，村集体难以支付所有的集体事业费用。为此，A 书记要求村里每家每年都必须贡献 15 个工作日的劳动，或者以相应的货币换算顶替。在公路拓宽、树苗栽种以及当时建造"龙舟"等集体事务中，都是如此。三是示范带头，亲自督促。在 K 镇调研期间，调查组经常在未打招呼的情况下直接进村调研，时常看到 A 书记在现场指挥、督促道路拓宽、站牌设置等工作。四是多方筹集资源。A 书记经常到县直各部门、乡镇主要领导处去"化缘"，为修路等集体事业筹集资金。在调查组作为"三万"活动驻村工作组调研期间，A 书记多次向驻村工作组申请资助，既包括物资支援也包括资金支援。

与 M 村不同，X 村的动员显得更为简便。由于 X 村的集体经济收入相对丰厚，村集体事业主要通过购买方式来实现。

4. 与乡镇政府的关系状态

村庄与乡镇政府的关系直接影响着村庄对运动式社区服务的供给程度，即是否提供以及提供多少社区服务。从四个村的情况来看，村庄与乡镇政府的关系虽然总体趋于行政化，但相互之间也有差别，M 村与 Z 村在"村村通客车"过程中就是如此。首先，Z 村支部书记并没有像 M 村支部书记那样经常去乡镇或县级相关部门走动、"化缘"。其次，Z 村支部书记对乡镇政府布置的任务响应没 M 村支部书记积极。在乡镇政府布置完"村村通客车"配套工作之———栽种道路两旁绿化树木后，M村支部书记第一时间买树苗（包栽种），在近2千米的道路两边按规定完成了栽种任务，Z村支部书记由于行动迟缓在一次会议上受到了乡镇领导的批评："M村早就把树苗栽完了，你还没有动静！"村庄与乡镇政府的亲疏关系显现了村庄执行乡镇政府决策力度的差序分布状态，影响着后者对前者的资源支持力度，进而影响"村村通客车"等运动式社区服务的供给能力。

四 运动式社区服务的逻辑及后果

可从以下几个方面分析运动式社区服务的逻辑及后果。

首先，行政常规性的突破。一是直达性。在"三万"活动中，作为一项必需任务，"村村通客车"是本年度省政府下达的硬性任务，而且直达村庄。与常态社区服务不同的是，运动式社区服务直接连接了省级政府与最基层的村庄。当然，这种直达性并非意味着行政系统被完全抛弃，也并非意味着社区服务全方位直达，而是在某些层次的直达。农村社区服务直达性主要体现在目标的直达性与监督员的直达性。由政府自上而下设定的社区服务内容，是由行政组织一级一级传达下来的，社区服务的最终内容及其目标，是由基层政府解释和设定的。运动式社区服务则是省级政府把解释权掌握在自己手中，并把这种解释直接下达至村庄、群众。同时，直达性还体现在农村社区服务的落实情况可以通过驻点小组直达省级政府。二是时效性与实效性，即极力压缩社区服务提供的时间，并同时达到预期实效。行政组织或许可以通过自上而下的常规运作实现社区服务的供给目标，却无法在时效性与实效性上与运动式社区服务相比。社区服务的时效性与实效性也是在村庄社会显现省级政府形象并重塑其合法性的重要方式，这也是常规工作难以达成的。

其次，行政传感的延伸辐射。作为运动式社区服务，"村村通客车"发生的链条是"省－市－县－乡（镇）－村"，辅之以省直单位直达村庄驻点。从发生链条看，通过"省－市－县－乡（镇）"借助行政隶属关系自上而下逐级下达社区服务任务，行政压力显而易见。"村"与"驻村省直机关"虽然不属于这个行政链条，但是其"受力"与"发力"依然处于行政传感的场域中。驻村的机关单位工作组辅助并服从于行政链条，无力也无法改变运动式社区服务的整体方向及内容框架，只是在行政规定的框架内发挥了一个助推器的作用。

与临时性的驻村工作组相比，村庄则是行政传感链条末端，更经常性地受到行政压力。在运动式社区服务中，村庄更多地扮演着最终执行者与落实者角色，使"省－市－县－乡（镇）－村"整个链条都呈现行政化。

可见，运动式社区服务一方面力图打破行政科层组织的常规工作模式与运行状态，另一方面却在此过程中借助行政链条传达社区服务任务，同时通过行政传感效应强化并延伸了行政链条。

再次，运动式社区服务中的村庄选择及应对。

在运动式社区服务下，村庄一方面受到行政式的任务压力，另一方面受村庄资源的可用性及集体行动能力约束，后者又反过来强化了前者。在"村村通客车"这种运动式社区服务中，无论村庄各自的可用资源与集体行动能力如何，四个村庄无一例外都须按照自上而下的统一要求提供。在村庄资源丰富的村庄，如 X 村，完成"村村通客车"任务并非难事，其一方面地处镇郊，任务量小，另一方面集体收入相对丰厚，有能力进行经济投入和集体行动，在一定程度上实现了社区服务自上而下与自下而上的吻合。然而，对于较为偏远、集体经济薄弱的村庄（如 M 村、Z 村）而言，"村村通客车"则显得任务艰巨。但是面对必须要完成的任务，村集体只能一方面向上级政府或外界笼络资源，另一方面通过义务工等方式实现劳力集资。

最后，运动式社区服务供给与农民出行选择。

政府所倡导的"村村通客车"对于村民出行选择而言，到底处于何种地位？换言之，对于当前农民的出行方式有多大程度的替代意义？在村居民的老龄化及短距离出行特点，决定了出行工具必须及时、便捷、便宜，这既是农村居民选择摩托、麻木出行的根源，也是大多数居民期待公交化运营的原因所在，还是之前大受欢迎的观光电瓶车运营的主要特点。

从农民出行方式选择与社区交通供给情况来看，可分为三种类型，如表4-13所示。

表4-13　农民出行方式选择及其特点

出行方式	性质	特点	状态
麻木、摩托	私人	私人付费、自负自责	正在运行
观光电瓶车	私人运营、半公益性	私人投资、政府担心负责	停运
"村村通客车"	政府倡导、半公益性	政府倡导、社会筹资、政府负责	筹划（截至调查结束）

可见，农村居民社区交通服务是由三种不同主体供给的，即私人、市场及政府。在政府正式介入供给事务之前，私人自行处理（麻木、摩托）解决了多样化、个性化需求问题，不可避免地也带来了交通工具多而杂、线路及功能性重复问题，同时也无法解决老、弱、残等无驾驶能力人群的便利出行问题。敏感的市场感受到了居民需求及商机，通过观光电瓶车的形式及时回应了少数人群出行困难、多数居民的共同需求问题。然而，市场的选择最终受到了地方政府的评判及制止。虽然地方政府叫停了观光电瓶车，但并未提供相应的替代性社区交通服务。可以想见，如果不是省级政府通过"三万"活动形式推行"村村通客车"，恐怕麻木、摩托等私人出行工具依然没有其他的可替代性选择。当然，这也并不意味着"村村通客车"一定能够替代，最终能否成为替代选择，还取决于其与农村居民出行需求的对接程度。这里可以发现一个有意思的现象：基

层社区服务不是由社区自身、也不是由基层政府提供，而是由高层政府通过行政组织提供；基层政府没有提供社区交通服务，却也不允许市场化的社区服务供给。从中可以略见个人、市场、政府各自的角色及其相互界限。

对于四个村庄的居民而言，作为一种自上而下的社区交通服务，"村村通客车"是一种意外的可替代选择，这是其自身无法预判、更无法决定的事情，因为农民在决策与执行中是缺位的。对于这个"意外"，农民并非一味惊喜，而恰恰保持了谨慎的乐观，即"能不能搞成""什么时候搞""搞成后能搞多久"等问题可以体现出农民的普遍疑虑。这些疑虑在一定程度上展现了政府在农民心目中的形象，也说明运动式社区服务提供过程的浩大声势，并不一定能够带来高层政府所预期的合法性的重塑与提高，这还取决于其实效性如何。在这里，运动式社区服务在重塑合法性功能方面，需要其实效性作为基础，否则可能适得其反——带来合法性的流失。这时，农民作为运动式社区服务体验者，进而作为政府评判者的角色得以凸显。

本章小结

运动式社区服务由省级政府发动，经由"省－市－县－乡（镇）"的行政链条，辅之以各级政府机关单位、部属高校等组成的驻村工作组，最终到达村庄及居民。村庄受到行政传感影响，动员村庄内外资源回应自上而下的运动式社区服务。能否达成省级政府所期望的合法性重塑与提升，取决于运动式社区服务在农村社区取得的实效，即其能否与农村居民社区公共交通服务需求相吻合。

第五章

农村社区服务的互助供给

——对两个社区互助服务个案的考察

农村社区是一个休戚与共的共同体，向来就有互助的传统。然而，伴随着现代化、城市化及市场化进程，原先相对封闭的社区在日益开放、流动的环境下，原有的社区互助机制受到重大冲击。一是私利性取代互惠性成为社区居民行为的主导动机，使居民之间联结机制呈现利益化倾向，因此通过市场化购买而非无偿性互助获取生产生活的支撑愈来愈成为主流；二是社区从封闭性、静止性走向开放性、流动性，互助的主体日益模糊和不确定，无偿帮助的回馈预期也越来越难以确定；三是社区传统与外来因素相互交织、农村社区的空心化倾向与政府的社区介入并存，传统权威、行政力量、市场机制等都在不同程度上影响着社区互助的组织机制。我国地域广袤、文化多样，各个地方农村社区互助机制千差万别，由于各个方面的限制，在此只考察社区互助服务个案：一是葬礼中的社区互助服务，二是村组道路修建中的社区互助服务。

一 葬礼中的社区互助服务

此部分的资料主要来源于 2015 年 5 月笔者参加二奶奶葬礼的亲

身经历及在其中的观察，笔者将尽量从中抽离出个人的情感因素，从而做更为客观的观察与分析。即使如此，由于身处其中，个人的情感倾向也难以完全隔离。

（一）村落社区再识别及生死印象

笔者的家乡所在地为鲁北的 L 村。该村有 900 余人，6 个村民小组，耕地面积 1800 余亩，主要种植小麦、玉米等粮食作物，少量种植棉花、花生等经济作物。绝大多数青壮年劳动力外出务工，少数农户以养猪为主业。L 村是鲁北较为典型的农业型村落。

二奶奶自从嫁给二爷爷后，就一直生活居住在 L 村，由于年轻时裹过脚，二奶奶日常以做家务为主，育有一儿一女，生前与儿子、媳妇生活在一起，女儿出嫁后在经济方面时常给予补助，其生活轨迹及其葬礼在 L 村皆是 20 世纪 30 年代出生妇女的典型代表。

在得到二奶奶病危通知后的第二天下午，笔者赶回 L 村，距上一次回来已有近两年的时间。在村庄里碰到一些"人已老却又让我觉得熟悉"的面孔，顿生的亲切感让笔者瞬间融入了相互间的谈话。跟熟人谈话间，便知晓他们知道笔者回来的缘由，这些人都是属于同一相邻片区，这从一个侧面说明了邻人相熟犹存。邻人之间不但相熟，而且相助。就在笔者老家附近，在几无血缘关联的老人去世悼念现场，看到的除了其本家族人之外，也看到很多我族人员跑前跑后，被称为"在事儿上"。婚丧嫁娶依然被看作"大事儿"，而"在事儿上"则是在仪式上建言，在具体事务上践行，在精神上缅怀。外族人虽然不像本族人那样披麻戴孝地守灵，但以男女不同方式的吊唁来表示哀念。

在笔者儿时的记忆中，亲人过世，不管是年老而终，还是中年早逝，都是一种痛彻心扉的哀伤，是一种依依不舍的眷恋。其时的悼念场面却让笔者有些诧异。经过附近另一老人去世灵棚前时，看到三五成群的青年人（以男性为主）披麻戴孝（肯定是本族人），一边看手机，一边交流，一边说笑。这与笔者印象中本应严肃的、悲伤的丧礼场面大相径庭，当时深感诧异。第二天上午二奶奶与世长辞，在之后的现场也可以看到类似的场面。经证实，前者死时才65岁，二奶奶有80多岁。二奶奶最后被检查并诊断为肺癌，并且全身有多处疾患，加之年事已高，在医生那里已无能为力。先前经常有病痛，但并未及时医治。65岁的那位大爷也被诊断为癌症，却并未医治，最后在病床躺了两三个月的时间。对这些家庭经济条件相对贫困的家庭而言，老人有病不治是一种常态。在丧事现场，一位60多岁的大爷说，女儿在济南工作，让自己到济南检查一下身体，"不检查还没事儿，一检查还检查出问题来了"，"有人被检查出问题后，不长时间就去世了"。这或许代表了很多老年人的心态：一是怕检查出病症，无钱医治；二是难以面对和承受重病带来的心理压力。

二奶奶的悼念仪式笔者参与相对完整，各种仪式间隙，参与者（主要指血缘关系五福以内的本族人、死者女儿及外甥等）表现各异。一是年长者。有的聊起天来大多在叙说自己的人生，比如自己当年如何；有的则讲述自己在城里带孙子的趣闻趣事，不仅显现了两代人的代沟，更是城乡差别在两代人之间的具体呈现。二是年轻人。年轻人一直在关注网络，即使是在灵棚，大家也时常以花边新闻作为谈资。Wi-Fi不再是城市人的专利，其在农村的普及率惊人。只要有年轻人的家庭，几乎都装有Wi-Fi。另外，还有些人，如接送小孩上学的老人、家里养猪的养殖户等，会时常离场，并会错过一些仪式环节。可见，丧葬仪式在一定意义上也仅是仪式，其在人们心中的重要性及实质意义正在丧失。

（二）白事中的理事会与村民互助

丧葬一直以来都是乡土社会中极为重视的一种仪式，其中渗透着信仰层面的祖先崇拜、家人对逝者的眷恋、家族成员缺失的遗憾，因而是一个家庭、家族,乃至宗族、村庄的大事。虽然这些情感已经淡去,然而其重要性依然存在,其安排布置依然非常重要。在L村,白事的处理一般是由一套自发组成的专业却免费的班子负责,核心成员有两三个人,被称为"管事儿的"。

在村东,即地域相邻、血缘相近的村庄东部片区,红白喜事是由以黑叔为首的一帮人处理的,二奶奶的丧事也是如此。黑叔本人是一个普通的农民,家中就他一个男性,他还有一个姐姐。他育有一儿一女,女儿已经出嫁,儿子也已结婚生子,在镇上做生意。黑叔说,儿子之前在外打工,腰部受伤,不能干重体力活,只能做点小生意。在依靠家族势力生存的乡村社会中,势单力薄的黑叔,除了自己处事能力过人之外,通过介入红白喜事树立自己的威信、笼络人脉资源,或许是其充当领袖的个人驱动力所在。

黑叔全权负责整个丧事的事务,具体而言,主要有这样几项:一是明确核心成员的具体分工,管账的、写字的、管伙食的等各负其责;二是一直在丧事现场各处巡视,以安排及纠正各项事宜;三是现场已经被安排处理事务的人遇到意外情况,如去亲戚家送信的人没有碰到人,都会随时请示黑叔;四是虽然有专人负责管账,但主要负责钱的安全,如何用、用到什么地方、每个项目花费多少等都是由黑叔总体掌握。这个钱的数量是由二奶奶家人与黑叔根据亲戚数量、丧事规格以及一般事务花费等来确定,如果预算与最后的花费大体吻合或有所结余,会被认为是成功的,也是令黑叔骄傲的事情。在二奶奶丧事现场,笔者亲耳听到黑叔炫耀刚结束的那场丧事,主人给了13000元,最后花费了12800元。

黑叔在乡邻社会中具有较高的权威,被称道为"办事儿利索、干脆",深得乡邻的敬仰及信赖。在二奶奶去世当天,核心成员须派人到各个亲戚家"送信",一个送信人回来后说,"那家亲戚已经有人送过信了",这时黑叔略显生气,指责另一位核心成员D(与黑叔同辈分,年龄比黑叔大,血缘关系与主人家更近,甚至有资格披麻戴孝）:"这肯定是你干的事!"D一直辩解,不承认是自己安排的。这种不计颜面的当众指责,既是对事务本身的负责,也是对自身事务处理能力的辩护,因为这种重复送信被认为是不得当的,同时也显示了其当仁不让的权威性。

除了核心成员以外,其余"帮忙的人"都是自愿随机的,人员并不固定,只要有时间就会到"事儿"上来,因为每个人的家庭都会遇到"生老病死"的"大事儿",而这些"大事儿"是单靠自身无法解决的。不仅如此,有人帮忙既能够从实际上解决各种"大事儿",也是面子的体现。理论上而言,解决具体事务可以通过市场购买的方式来实现,对于经济条件好的家庭而言更是如此。然而,经济条件无论好或差,也没有人家通过市场方式运作这些"大事儿"。可见,这并非金钱能够购买与交换的。诸如丧事之类的家族"大事儿",更多的是集聚一种人气,是一个人、家庭乃至家族在乡土社会地位的象征。

人们之所以保持着相互间自愿互助的信赖及延续性,在于现实中"同理相推"的逻辑不断得到印证。早前,X老乡除了种田之外,还做售卖安全网的生意,在村里经济条件处于上等,育有一儿一女。他在家负责收网子(由各家各户自愿编织)发送至武汉,儿子在武汉再卖给各个建筑工地,因此发家。儿子后来在汉口北买了100多万元的商铺,是一般农村家庭可望而不可即的。平时别家"有事儿"时,X老乡都不凑。就在他老母亲去世时,问题来了。相亲邻里都不帮忙,棺材没人抬。由于黑叔和他是一个大家族,在黑叔协调下,大家看着黑叔的面子才勉强帮忙,后来他老母亲的丧葬草草收场。这件事让X老乡非常尴尬。此后,凡是看到别人家"有事儿",X老乡都会主动去帮忙,二奶奶家的丧事就是由他管账,算是理事会的核心成员之一。这不仅给了X老乡个人一个深刻的教训,也是对全村人的一个警示,更助推了这种互助行为的延续。

（三）理事会的专门化与社会权力

以黑叔为首的理事会算是乡土社会生长出来的自愿互助组织，一方面虽然表面松散，却非常有效且接地气，被乡民认可并接纳；另一方面在处理红白事上更具专业性，因而也更具专业权威性。

理事会的专业性主要表现在两个方面。第一，乡俗礼节的专业性。在二奶奶丧葬过程中，从病逝那一刻开始，理事会即刻接管了几乎所有仪式的安排，包括小殓、停灵、报丧、大殓、点主、发引、拜祭、下葬等程序。比如在拜祭过程中，根据血缘亲疏远近及风俗习惯，谁先拜、谁后拜的次序及祭拜的礼节都在其管辖范围之内。第二，事务处理的专业性。在一个看似简单的丧葬仪式中，其实隐含着非常纷繁复杂的事务。一是请丧葬乐队。一般是附近比较熟识的专业班子，价钱也是随行就市。二是根据亲戚规模，租用餐具、桌椅板凳，购买鸡鸭鱼肉菜。重要的亲戚，如二奶奶的娘家人，还要特别照顾。三是各项事务的人员安排，包括丧葬过程中迎接吊丧者、管理厨师及助手、传菜人员以及安排打水等事务。二奶奶下葬当天中午，亲戚都在这时齐聚一堂共进午餐，之后准备下葬。此前，自来水停水，隔壁的机井也坏了。二奶奶的孙子 M 非常着急："这怎么办，会耽误事儿的！"这时，旁边 M 的堂哥说："瞎操心，他们（指理事会的人）会想办法解决的！"后来，果然是黑叔派人从远处把水运过来，解决了问题。

理事会具有一般村民无法具备的丰富经验与专业素质，其纯熟且专业的事务处理技术赢得了熟人社会的普遍信赖，也解决了大多数村民因"知识空白"或"仪式烦琐"而难以应对的困境，在一定意义上使诸如丧葬之类的仪式安排更为专业化了。正是因为如此，同时不可避免地产生了另外一种后果——仪式的形式化。这一方面是由于执行仪式的人并不理解各个仪式环节的意义何在，甚至不清楚仪式形式应该如何；另一方面是因为被传统赋予意义的丧葬等仪式已经越来越不被年轻人接受。一位长期在外打工，这次因二奶奶过世请假回家的年轻人Z说："现在死人还要搞三天，耽误时间，以后改成一天就够了。"

这种专业权威也在一定程度上形成了特定的社会权力。在谈到Y老乡时，黑叔说："不管什么事，Y从不来帮忙，他娘已经70多岁了，到时去世了，不给他娘抬棺材，看他怎么办！"旁边的人都你一言我一语地附和着，同时也提及另外有相似行径的人。显然，黑叔及理事会成员要想维系现有的互助模式，使其能够持续下去，必须通过适当方式惩戒规则破坏者，而惩戒并非直接施予被惩罚者，而是更具潜在性、隐晦性，但同时又是可以预见的，呈现一种"隐性的社会权力"。

（四）小结：丧礼中互助传统的延续

在农村社区的传统运行规则迅速消解的大背景下，维系社区作为共同体的一些传统要素依然顽强地延续了下来。在笔者所亲历的这次丧礼中，白事理事会的专门化及其引领下的村民互助行为，完全出于地方性的传统习俗。虽然从村民个体而言，对于死亡及其丧礼的认识掺杂了更多的现代观念，但是整个丧礼的仪式过程及组织方式都遵循了互助互惠的逻辑，其中的市场化因素，如租用丧礼器具用品等，是服从并镶嵌于前者的。

二　村组道路修建中的社区互助服务

此部分数据主要来源于2016年9月12~30日，笔者在湖北省W村的实地调查，获取资料的主要方法是访谈法和观察法。

（一）W村概况

W村共有338户，1338人，9个村民小组，各小组的户数及人口数如表 5-1 所示。

表 5-1　W 村各小组户数及人口数

单位：户，人

小组	户数	人口数
1	48	174
2	38	153
3	45	176
4	30	117
5	32	132
6	54	207
7	29	92
8	28	127
9	34	160

在年龄结构上，该村呈老龄化趋势，60 岁以上的村民有 270 多人，40~60 岁的村民有 700 多人，0~30 岁的村民有 400~500 人。最突出的人口特征是人口流出多，留守老人多。一般每个组在外人口达四五十人，呈现"1/3 在外地，1/3 在县城，1/3 在农村"的局面，其中在外的人口属于青壮年劳动力，在村的人口主要是老年人口以及一部分尚未就学的孩子和照看的妇女。该村人口的外流经历了一个渐变的过程，在总人口增加缓慢的情况下：1990 年，外出人口约 100 多人；2004 年，农业税减半，外出人口数增多；自 2006 年始，农业税全部免征，外出几百人，年龄集中在 30~45 岁。至今，外出人口达 500 人，约占总人口的 1/3。2014 年全村总收入 947 万元，农民人均纯收入 5566 元。组与组之间、村民之间的贫富分化较为明显，1 组、2 组、3 组、8 组、9 组基本没有集体收入，而具体家庭中既有上亿资产的老板，也有依靠国家补助的贫困户。

W 村占有土地约 5 平方千米，7585 亩，其中耕地 1173 亩，山林 4465 亩，水域 255 亩，非耕地和其他用地 1692 亩。山林面积约占

60%,是名副其实的山区农业村。全村共划分为10个小组,其中10组是林场,林地分别归村和组所有。其余各组的房屋数及耕地面积如表5-2所示。

表5-2 W村房屋间数及耕地面积

单位:间,亩

小组	房屋	耕地面积
1	115	522
2	180	459
3	118	528
4	102	351
5	152	396
6	160	621
7	116	294
8	128	419
9	102	512

整个村庄的版图呈南北跨度长、东西跨度短的椭圆形状。小组比较分散,间隔距离较远。每个小组一般包含1~3个湾,湾与湾之间的间距也较远,同一个湾内,各户之间挨得很近。较大的组间距与湾间距使道路显得尤为重要。小组之间间隔相对较远的,例如1组和8组,必须依靠公路进行相互联系。同时间隔相对较近的小组以及小组内各湾子、各户之间就要依靠村路相连。相比于房屋,村路都是后来村民自发修建的,呈现各式形态:水泥路、杂草小路、粉砂路等。整个村的道路系统不能形成完全的环形路,由于房屋的分散和耕地、水域等的间断分布,村路数量多、岔口多。

(二)村组公路建设中的社区服务供给

随着农村经济社会的发展,人们对交通基础设施的要求越来越高,"要想富先修路"的观念早已深入人心。在国家"村村通公路"举措之下，W村所在的H县乡村公路得到极大改善。然而，连接乡村公路与农户"最后一公里"的村组道路问题仍然困扰着W村广大农民。村组道路钱从哪里来、成本如何分摊、由谁来组织修建等问题，则是一个社区服务如何供给的集体行动问题。W村包含的9个村民小组、15个自然湾分布较为分散，地理坐落各异，每个村民小组所须修建的村组道路长短各不相同、对修建村组公路的意愿及成本分摊的意见不同，各小组的组织方式及资金来源也不同，这些差异恰恰反映了社区服务供给中集体行动的复杂性。

1. 资源来源：钱从哪里来？

"钱从哪里来"的问题一直是村组公路修建的最大障碍。政府的相应补贴往往是有限的，不足以支撑所有村组公路的建设。若将全部成本分摊至农民则会给农民造成巨大的经济负担，这也是农民"想修路却又反对修路"的经济根源。在这种背景下，多方筹资成为迫不得已的选择，主要形成"政府补贴＋老板出资＋农民集资"的筹资模式。

（1）政府补贴

进入新世纪后，随着一系列惠农政策的实施，国家对农村的资源输入逐渐增多。在村组公路建设方面，政府也有相应的项目补助及标准。据W村支部书记介绍，当前村组道路政府可提供20万元/千米标准的补贴，但须达到"路基宽度不低于5.5米，路面宽度不低于4.5米"的标准，并在相关部门验收合格后，村集体才能拿到相应补贴。政府的修路补助还只是一个"引子"，不足以支付整个工程的费用。然而，正是这个"引子"激发了W村修建村组道路的积极性，也使其得以可能，发挥了"杠杆"的作用。

为落实国家惠民政策，在政府给予一定修路补助情况下，W村村委会于2010年牵头修建了8组的公路。在村委会的授意下，小组长组织召开组内村民代表大会，由村民举手表决，全组在村村民都非常赞成修路。然而,有一些在外务工的村民不同意出钱修路,后来在其家人的劝说下也愿意交钱,其劝说理由是"修路是在做好事、是在造福家乡,你即使现在在外打工,但是老了也要回家乡"。修路所需要的资金大部分是由政府资助,另一部分是 8 组将一部分宅基地卖给住持修建寺庙,筹了七八万元,剩下的部分由本小组的村民按人头分摊,小组内每个村民交了 100 元。在资金准备就绪后,村委会联系了承包商,承包商提供了物力人力,修建了 8 组的村组道路。

在这种情形下,社区组织在面临上级压力的情况下,通过村组的组织化力量及政府注资、集体收入等方式完成了 8 组道路的修建,遵循的是自上而下的运行逻辑。即使道路修建本身与村民需求相一致,其动力机制主要还是压力型的。

(2) 老板出资

虽然政府给予了一定的财力补助,村组道路建设仍然面临资金紧缺的压力。随着农民生活水平的提高,人们对交通出行的要求也越来越高,特别是随着家用轿车普及率的提高,修建村组道路以符合新的出行需求则显得更为迫切。在上级补助激励和民众迫切需求的带动下,W 村率先致富的人(当地人俗称"大老板")捐资修路的积极性和能动性也逐渐提高。一是大老板大都在村里有住宅,并时常回村里,道路修建有助于提高自己出行的便利性;二是经济上富裕起来的这些人,倾向于获得更高的社会威望及光宗耀祖的荣耀感,将财富回馈乡亲所关切的民生工程可以极大地提高其社会影响力。在 W 村 9 个小组中,除了没有修建村组道路的 1 组和 3 组外,2 组、5 组、6 组、7 组、8 组中均有本组的大老板出资修路,这彰显了经济精英对 W 村村级公共事务所起的重要作用。大老板们出资修路,不仅分摊了很大一部分经济成本,而且起到了引领和示范的作用。

(3) 农民集资

历经税费时代的高额税负后,在很长一段时间内,地方政府陷入一种"塔西佗陷阱",农民对地方政府及社区组织极其不信任,对他们发起的集资甚为敏感、反感。然而,近些年随着惠农政策的实施,一些切实的外来资源注入农村社区,农民对于集资修建村组公路这样"看得见、摸得着"的利民举措逐渐能够接受。如前所述,虽然政府与大老板出资,但是很多村组道路建设资金依然紧缺,农民集资显得必不可少。

W村各村民小组在修建村组道路过程中,农民集资主要有以下几种情形。一是农民自愿出资。这部分农民具有较强的修路意愿,主要在W村所在的H县做生意、打工,其出行以小轿车或摩托车为主要交通工具。他们既有改善村组道路的强烈需求,也有出资的经济实力。二是在动员后出资。有些农民认为修路与己无关,或是抱着"搭便车"的心态,一开始持观望甚至抗拒的态度,然而,最后在村委会或大老板的劝说压力下,或者在其他村民的舆论压力下,出资修路。三是坚持不出资。从W村各组的出资情况来看,直到村组道路建成依然有些村民没有出资,主要包括这样几类:第一类是既无意愿也无需求,还无经济能力的老年人;第二类是"搭便车"者,即使他不出资,社区组织也无计可施,这类人属极少数的社区"另类";第三类是外出不在村者,由于与社区的互动频率越来越低,利益相关度越来越弱,道路修建集资与其利益不一致。

2. 集体行动:谁组织、谁参与?

如前文所述,W村在村组道路修建过程中,其集体行动模式各异,主要包含社区组织主导型和经济精英引导型两种。

(1) 社区组织主导型

这里所说的社区组织主要是指村委会和村民小组。在这种模式下,社区组织在村组道路建设中是主导者、组织者。对于W村村民而言,村组公路显然会增加其出行的便利性。然而,村组公路何时能够修建起来,则与社区组织的积极性与组织能力密切相关。当然,社区组织在不同时段、不同村组公路修建过程中所扮演的角色是各不相同的。

　　从农村公路通往村委会（原村小学驻地）的道路是在2009年时修建的，当时村支部的楼还是学校，当时是为了学生上学方便，村支部提出修建公路。修建这条公路总共花了8万块钱，当时村部将一部分扶贫资金用于修建公路，另一部分资金是由村里的大老板捐赠。当时村部派人去说服大老板出资修建公路，一共派人去了两次，第一次去的时候有些老板不同意捐赠，他们觉得学生在山里面上学走山路就可以了。在村委会的努力说服下，第二次老板们同意捐赠，共捐赠了5万块。村委会拿到钱以后将修路的工程承包给了本村的承包商，当时是先由承包商垫付，最后工程完工后才将钱付给承包商。通往学校本来就有一条山路，道路修建在原来的基础上将路面拓宽，将不平的地方铲平，最终修建了一条可以使轿车通过的路，同时这条路也惠及了很多住在路两边的村民。

村里的公路要进行不定期的维护，如村里面要修房子，很多大车要开到村子里面，大车会对路面造成一定程度的破坏，村里就得对坍塌的路面重新铺设。小规模的破损由村委会提建议、组长组织人进行维护，维护的费用由小组承担；大规模的破损由村委会集中进行维护，维护的费用由村委会承担。每个小组长组织自己小组的村民除自己小组公路两旁的杂草，不定期对路面进行养护。

W村属于山区地貌，所属的9个小组对修建村组道路的需求各异，村级组织难以统管所有小组的道路修建，村组道路的修建主要以小组为单位进行。以W村4组为例，其道路主要是以组为单位进行筹资、修建的。

　　4组有两个湾，每个湾子的情况又不同，在村头的湾在

2008年修建了公路，而另一个湾是最近几年修建的公路。村头湾子组中的村民并没有为公路出资，是因为5组、7组有大老板出资修建公路，而进入5组和7组必须要经过4组，因此4组村民就没有出资。4组另一个湾子的公路是2015年7月开始修的，是由原来的小组长牵头建设的。牵头人弟弟原先在4组的湾里面有个养猪场，原来没有修路的时候，车进出湾特别不方便，所以他向他哥哥反映想修一条公路。此外近几年来组中的有钱人越来越多，很多人都是开车回来探望家中的亲戚朋友，没有硬化的乡间小路车子行驶极其不方便。牵头人把村民都召集到家里开会，动员大家集资修公路，很多村民都积极响应，都愿意出钱修公路。国家也有相应的补贴资金，村民只需要集资出8万块，每个村民按人头出400块，因为4组里面有一个林场，所以林业局也出了2万块，村里面有钱的人捐赠了约2万块。牵头人联系了公路南边湾子里的人承包了公路，把村民的钱交给了包工头，他中间起到了组织监督的作用，他因为自己是发起者所以多出了一部分钱，还参与修建了公路。

（2）经济精英引导型

农村经济的快速发展催生了一批W村的经济精英，这些经济精英不仅在经济上属于富裕阶层，更为重要的是他们掌握了越来越多的社会资源，拥有越来越广泛的社会影响力。

W村2组的公路是在2014年修建的。首先，是由他们湾子的大老板主动提出并主动出资帮本组修建的，当然国家也有补贴。其次，大老板与自己的生意伙伴合作，将工程承包给外边的建筑商，建筑商出了部分的人力和物力。再次，大老板利用自己的社会关系，说服本组担任过公路局的副局长老乡帮忙购买修公路的水泥。最后，在大老板的出资并动员下，本组村民不需出资，只需出力，于是村民们无偿出力修路。

在村组公路建设过程中，由于各小组坐落位置的原因，小组之间的公共道路成本分摊至为关键。在5组与7组、6组与7组公共道路的修建过程中，由于经济精英的经济分担，使这个问题变得简化。

W村5组的道路也是由本组的经济精英发动修建的。牵头人组织修建工作，提供技术上的和资金上的支持。5组的道路是在7组修路之后修的，因为5组和7组有公共用路，5组就只修了通往湾子的公路，公共道路是由7组修建的。湾子里的老板也将公路承包给了外面的承包商，外面的承包商提供部分的劳力，剩下的劳力由5组的村民提供，村民提供劳力是有偿的，工费由组织修建公路的大老板出。5组修建农村公路一共花费了26万元，其中老板出资16万元，国家补贴10万元。

6组有三个湾子，其中一个湾子是7组通往村口的必经之路，所以他们的道路是7组帮忙修建的，村民没有出钱也没有出力。这个湾子也有一部分村民住在通往村支部的必经之路上，所以也没有出钱。其中的一个湾子有一个大老板，他帮他的湾子修建了公路，出了一部分的钱，国家也有部分的补贴，他将钱交给外面的公路承包商，由承包商完全负责公路的修建，湾子里的村民就只负责平时的日常维护。

3. 利益调适：分歧如何化解？

（1）损失补偿

在农民的行为逻辑中，"成本均摊、好处均沾"是至为重要的公平规则，"斤斤计较"而非"无私奉献"才是农民在公共事务中的行为倾向。于是，任何有损农民利益的村级事务，包括村组道路修建，都必须予以妥善解决，否则该项村级事务将面临严重挑战。

W村7组的公路是全村最早的公路，是十年前修建的，是由组里大老板牵头出资号召大家修建的，大约耗资22万元。老板出资12万元，国家给予10万元补贴，村民没有出钱。老板联系外面的筑路工地承包了 7 组的公路修建工作。即使如此,老板的大方出资并不能推理出也不能激发出所有农民的"奉献精神"。首先,占用村民土地问题。修建公路要在原来乡间小路的基础上拓宽路面,因此就会占用一部分村民的宅基地或耕地,有的村民自愿将自己的一部分田地让出建公路,有的村民则不同意。小组长召开了村民代表大会,村组长与这些人进行协商,给予这部分村民一部分金钱补偿,并且占用的田地所要上交的税由小组共同承担。其次,共同道路与田地调换问题。这条要通往村口的公路也涉及占用 6 组的土地,7 组就与 6 组被占用的田地进行调换,根据田地肥力及位置,在与相关村民进行协商后给予了一定的金钱补偿。这条公路有大部分是与 5 组共同使用的,共同使用的部分也是由 7 组出资。最后,劳务报酬。道路的修建是由 7 组的村民和建筑工人共同修建的,大老板付给这些村民每天 50 元的工资,由承包商来监督整个修路的过程,一共耗时 20 天完成了整条公路的修建。

(2) 分化群体的整合

只要涉及自身的利益损失或承担成本,农民对于修路的分歧总是存在的,并且这种分歧往往成为村组道路修建的重要障碍。这时,社区组织的协调者角色就显得尤为重要。

如果说,W 村 8 组道路修建的原动力来自上级政府的压力,那么 9 组则是来自本组部分村民的推动。9 组的道路是在 2015 年修建完成的。其实,在此之前,一部分村民就有意愿修建道路,主要出于两个方面的原因:一是其他小组很多都陆续修建了道路,有一种隐形的竞争性压力;二是他们确实看到修完路的湾子出行的便利。有些村民曾经号召过大家集资修路,但是 9 组有 200 多人到县城打工,外出打工的人大多不愿意出钱修路,所以修公路的事情就一拖再拖。直到 2015 年清明节,很多在外务工的人开车回家祭祖,正好遇上下大雨,一些车子陷在路中间,难以通行。本来积极修路的村民就给村委会打电话,让村委会发传单给湾子里的各户人家,表明修路的必要性。在村委会的宣传下，村民的积极性提高了很多，纷纷表示愿意出资修建公路。在资金来源上，国家补贴一部分，湾子里的富人捐赠了一大部分资金，村民按人头每人出资 400 元，村委会用一个月就将所有的款项收齐。村委会帮忙联系了承包商，由承包商完全负责公路的修建，不到一个月 9 组的公路就修建完成了。

(3)对观望者的"冷处罚"

虽然村组公路看似是对所有集体成员的福利，但是并非所有成员都能够最终达成共识。在 W 村 4 组修建道路时，有 3 户人家坚持不出资。这就意味着"成本均摊、好处均沾"的规则受到挑战，也表明即使是人数较少的团体，其集体行动对成员的约束也是有限的。在这种情况下，既要体现对出资人的好处，也须对不出资者进行惩罚，才能不破坏付出与所得相符的公平逻辑。于是，4 组对这 3 户人家进行了"冷处罚"，即所有出资者的门前都做硬化处理并连接至修建的村组道路上，而这 3 户人家门前没有硬化，更没有与村组道路连接。

4. 供给失败：村组道路修建未果

W 村并不是所有小组都成功修建起了村组公路，其中 1 组和 3 组就是未能建成村组公路的最后两个小组，其村组道路至今依然是土路。

(1)外来寄托及流产

W 村 1 组情况比较特殊，有一个湾子的很多村民都从原来的湾子里搬迁了出来，因为村里要修建垃圾场，部分村民搬迁到了新规划建设的"新农村"。这个垃圾场当时由环保局承建，环保局为了能使村民愿意搬迁，就组织修建了新农村，使部分村民搬迁后能够有一个良好的居住环境。当时环保局承诺建好垃圾场后就给新农村修建公路，但是垃圾场一直没有建成投入。工程建设到一半没有完成有两方面的原因：一方面是当时环保局划了搬迁补偿范围，在范围内的村民都有国家补贴，在范围外的 10 户村民没有任何补贴，这就导致范围外的村民因为拿不到补贴而感到不公平，所以他们以不搬迁的方式和环保局对抗；另一方面是因为附近3个村子的村民认为垃圾场的运行会损害他们的利益，所以他们极力反对建成垃圾场。这两方面的原因阻碍了垃圾场的建设运营，工程被一拖再拖，一直得不到有效解决，后来环保局觉得垃圾场不会再对他们有好处，就放弃了继续修建垃圾场，也没有为新农村修建公路。1组的另一个湾子就只有零星的几户人家，很多人都搬走了或者进城打工了，整个湾子的房子也比较破败。再者加上之前修建垃圾场遗留了很多问题，涉及很多村民的利益，组里矛盾很多，村民关注的重心放在垃圾场遗留问题的处理上，很多村民不愿意搬迁，以上种种原因导致组里没有修建公路。

（2）筹资与组织的全面失效

W村3组没有修建村组道路出于多方面的原因。一是享受不到国家补贴。由于3组的道路只有100米，达不到国家补贴的长度，因而得不到国家补贴。二是"空心化"严重。3组的村民留在村中的不满10户，很多人都在外务工，村里只剩下一些务农的老人，很少有年轻人回来，老人对乡村公路的需求并不大。三是筹资及组织的失效。3组也曾经发动过村民集资修建道路，由于没有国家的补贴，也没有大老板发动修建公路，所以费用全部必须由村民承担，大约每个人需要出200元，这就导致了很多在外务工的村民不愿意出钱。最后，3组的村组道路就不了了之。

（三）小结：行政化、市场化背景下的社区互助服务

作为一项社区公共服务，W村的村组公路建设是在国家惠农政策与经济快速发展的大背景下进行的，因此不可避免地彰显了时代的烙印——国家补助与经济精英的经济支持。与此同时，村组道路的建设又是在一直以来的组织框架下进行的，虽然经济精英在其中扮演着重要的角色，但是村组社区组织依然是其中的主导。当然，

在公共利益面前，农民的私利分歧、国家政策与社区的断裂、外来力量的介入等都可能成为社区服务供给失效的重要因素。

本章小结

本章所考察的两个社区互助服务个案，是两个不同的互助类型，遵循不同的行为逻辑，如表5-3所示。

表5-3 两种社区互助服务类型比较

个案	丧礼	村组道路修建
参与主体	当事者、理事会、邻里、亲戚	政府、经济精英、社区组织、村民
互助规则	地方性传统	行政+市场+自治
行为目标	互惠互利	共享共利
成本分摊	当事者承担	共同承担
惩罚机制	舆论压力及行为冷落	舆论压力及差别对待
社区边界	相对封闭	相对开放
互助预期	相对确定	不太确定

我国传统农村社区的封闭性、稳定性，使基于血缘、地缘基础上的社区互助系统得以正常运转。这一点在注重传统文化的山东省L村的葬礼仪式中依然依稀可见。由于社区成员的稳定性及其互助传统的延续，人们很容易对自己获得相应帮助持有稳定预期，由此互惠互利的互助逻辑才能够得以延续。其中，既看不到政府的影子，也还未见市场对互助传统的异化，完全是基于地方传统的自我互助。

如果说山东省L村的葬礼仪式所体现的是传统互助社区服务的延续，那么湖北省W村的村组道路修建则更为立体地展现了互助服务的现代化变迁。从社区事务本身而言，村组道路修建本身就是一个现代社会才有的事业，直接与社区居民的即时体验与现实利益相关，与葬礼中的传统性信仰及大周期循环不同，其中掺杂的现代性因素更多，彰显了传统与现代要素的碰撞。从参与主体看，葬礼主要是由当事者、理事会、邻里、亲戚等构成，是基于血缘、地缘关系的群体，体现了明显的地方性、自治性、传统性特点；村组道路修建则涵盖了政府、经济精英、社区组织、村民等，既包含了现代的行政力量及组织框架，也掺杂了市场化的要素。从互助规则上看，葬礼主要是基于传统习俗，而村组道路修建则是多种规则的混合，包含了行政逻辑、市场逻辑及自治逻辑。从行为目标上看，丧礼的互助是以长周期的互惠互利为目标，而村组道路修建则是即时的、共享共利的。从成本分摊看，葬礼的成本责任人更为明确，由其直系亲属负担；村组道路修建则涉及本组所有人，但是共同承担的促成机制有时会失效。从惩罚机制上看，两者都是在特定的熟悉的社区中凭借舆论压力及差别处理，所不同的是前者是自己从旁观者变成当事人之后遭受冷遇，而后者则是即时的差别处理。社区边界与互助预期是关联在一起的，在相对封闭的社区中，成员稳定、规则稳定，互助预期当然也相对确定，反之则相反，这也是山东L村与湖北W村在葬礼与村组道路修建中所显现出来的。

第六章

结语：体制空间下农村社区服务体系及其重建

一 农村社区服务的体制空间

作为对公共需求的满足，农村社区服务根植于现有的社会政治体制并在其约束下进行，既反映了国家、社区及农民之间的互动关系，也映射了乡村社会治理方式。正是在这个意义上，需要将农村社区服务置于广阔的社会政治体制之中，考察其供给机制及其体制空间，而不是将其仅仅当作地方性公共服务来考察其本身的性质及供给方式。

费孝通在20世纪二三十年代指出中国传统社会存在"双轨政治"：一是以皇权（君主）为中心自上而下的中央集权体制，由官员和知识分子进行治理；二是在乡村社会，以宗族为主要组织基础，由乡绅等进行乡村自治。这随后成为学界研究乡村治理的两个重要面向。然而，随着国家政权建设，"中国自晚清政府、民国政府直至中华人民共和国，国家政权不断向乡村渗透，终于建成了'全能主义国家'，国家统治了一切有价值的资源，形成原子化的个人直接面对国家的格局"①。甚至有学者指出:"传统社会主义社会结构的根本特征,是国家权威以及社会对这种权威的依附。"② 双轨政治在一定程度上变成了单轨政治。改革开放之后,国家与乡村社会的关系发生了巨大变化,出现了"国退民进"的倾向,在组织架构上形成了"乡政村治"的格局。进入21世纪后,随着国家惠农政策的实施,乡村社会从税费时期单纯的资源贡献者,转变为经济社会发展成果的受益者、共享者,国家与社会关系也正在重塑。本研究所考察的农村社区服务,就是处于这样的大背景之下,在特定的体制空间中进行的。

首先,政府规定的体制空间。农村社区服务虽然是在具体而微的农村社区开展的,却也同时是在国家的宏观体制规定下进行的。新型农村合作医疗、新型农村养老保险以及各部门制定的推行的农村政策及标准等,都具有国家的规定性。从性质上看,这种规定性事实上包含了两面性。一是福利性。无论所处的地域属于东、中、西部,还是经济发展水平富裕或落后,或是民俗文化的差异,凡是农村社区居民均可享受到相应的福利保障。二是限定性。农村居民所享受到的上述福利政策大多是属地性的,对于异地居民享受相应的社区服务,都或多或少地会遭受到各种限制或歧视。从层次上看,中央政策的最终落实需要层级传递,最终到达农村社区,于是省、市、县都会对中央相关政策措施进行地方性政策解读,形成地方性政策并予以实施。由一系列福利政策所构成的社区服务体制空间,既是农村社区服务的合法性来源,也在很大程度上规定了农村社区服务的资源来源及组织方式。

其次,有限度的行动空间。相对于体制空间的静止性而言,行动空间更多是过程性的。由于体制空间适用的相对普遍性以及地方

---

① 邹谠:《中国廿世纪政治与西方政治学》,《政治研究》1986年第3期。
② 孔令栋:《权威与依附——传统社会主义模式下的国家与社会关系》,《文史哲》2001年第6期。

多样性、事务多变性、利益多元化，导致其只是设定了人们行为的范围，明确了"什么是合法的"的问题，并未明确也无法明确"如何行为"的问题，因此在体制空间下的行为者有了特定的行动空间。对于湖北省而言，各级政府在"三万"活动中，对农村社区交通进行运动式供给行为是其中最为明显的例证。在此过程中，鄂东四村行为各异，也体现了特定的行动空间。虽然在农村社区服务中，行为者有其自主性行动空间，但是处于相对严密的行政链条之中，受到自上而下的层级压力，社区组织同样如此。无论是运动式交通服务的供给，还是农村社区医疗卫生服务的供给，都是在政府的行政链条中进行的。

最后，相对狭小的社区空间。在政府所设定的体制空间下，农村社区本身在社区服务提供方面的能动性与自主性等方面面临诸多挑战。一是社区自有空间方面，存在资源匮乏与组织乏力的窘境。后税费时代，绝大多数农村社区缺乏集体收入，同时社区组织难以通过有效的方式整合居民以提供社区服务。二是社区竞争性空间方面，农村社区日益循着市场化的逻辑，向外界（包括上级政府、企业组织、经济精英等）争取尽可能多的资源，以提供社区服务。而各个农村社区在此过程中的能动性、主动性不一，所具备的条件各异，最终所导致的结果可能会有天壤之别，鄂东四村中的交通社区服务、W村各小组所修建的村组道路都不同程度地体现了这一点。

总之，现有农村社区服务处于政府所规定的体制空间中，各行为主体在相对严密的行政链条中具有有限的行动空间，而在此背景下社区空间的差异导致了形色各异、质量不同的农村社区服务。

二　农村社区服务体系的构成及其运行机制

从我国的实践来看，农村社区服务经历了由"社区自给"向"国主民辅"转变过程，逐渐形成了由基本公共服务、社区互助服务、社区市场化服务构成的农村社区服务体系。从调查来看,农村社区服务的供给与农民需求之间的差距非常明显。首先,传统社会组织,诸如社区组织、家族或家庭组织等,所发挥的社区服务作用在个体化、私人化转型过程中迅速弱化。其次,国家基本公共服务虽然已取得了巨大进展,但仍然无法弥补传统社会组织所留下的空白,无论是服务水平还是服务方式,都难以与农民的生存状态相适应。再次,在传统社会组织、国家等公共机构所提供的社区服务难以满足民众需求的情况下,互助服务及市场化服务成为不得已的选择,而互助服务所能发挥作用的范围非常小,于是由个体买单的市场化服务大行其道。然而,市场化服务本身并不必然是私人事务,其可获得性决定了其公共性的程度。

农村社区服务体系的运行通过三种机制发挥作用。一是行政机制。进入21世纪以来,国家以资源输入的方式,下沉介入农村社区服务之中,以期实现国家目标、满足民众需求以及维护政治合法性。这种下沉不仅以提供基本公共服务的形式直接实施,而且政府还会通过对资源配置的控制(如政府购买社工服务等)、严密的行政组织管制来实现对农村社区服务的有效引导。二是市场机制。无论是农村社区的市场化服务,还是基本公共服务、互助服务,都处于市场化改革的大环境之中,其运行方式都带有鲜明的市场印记,农村社区服务的各种主体的逐利动机及行为更为外显,其公共面向不可避免地面临诸多挑战。三是社区机制。农村社区是传统与现代的时空交错空间,具有自身特有的地方性知识,这种地方性知识既是传统习俗的延续,也是在现代化转型过程中对新知识的地方性解读,对于社区成员而言具有规范及约束意义。因此,农村社区服务提供不可避免地须接续社区知识,遵循社区逻辑。

当然,这三种机制并不必然与基本公共服务、市场化社区服务以及互助服务相匹配,现实的农村社区服务更多的是三种机制的混杂,这一点在农村社区医疗卫生服务中表现得最为充分。农村社医疗服务远远超出了社区的范畴,在一定意义上是国家基本公共服务在社区空间的实现。农村社区医疗服务一开始就是被国家所设定的,并通过行政机构的上级压力层层推动,以兑现社区医疗服务被赋予的国家目标及民众期待。于是,农村社区医疗服务被深深地刻上科层化的烙印,从而导致了其唯上性及垄断性的后果。处于医疗卫生行政网络之中,包含农村社区卫生室在内的各种主体,不仅是公益主体或代表,还是医疗市场中的利益主体,各种逐利行为在所难免,而这些逐利行为是在国家特定的市场化激励机制下发生的。虽然政府采取各种措施抵制市场化的逐利行为对基本医疗服务的背离,但是基本医疗卫生服务的公益目标与私利动机及行为之间的张力依然巨大。农村社区医疗服务既然是在社区空间内实施的,无论是行政干预还是市场介入,特定社区的地方性知识都会重新形塑医疗卫生服务的社区意义。换言之,国家标准的普遍性、医疗市场的逐利性,在农村社区空间内都会遵循社区情理进行再改造。当然,这种重塑是有限度的,并且前两者的逻辑对后者具有重要的规制作用。

那么,三种机制在农村社区服务中孰轻孰重呢?概而言之,行政机制发挥了主导作用,而市场机制和社区机制或是前者的工具,或是其未达领域的自治机制。从农村社区医疗卫生服务以及社区交通服务的运动式供给可以看出,行政机制遍及规则制定、资源配置、组织方式等各个方面,在行政压力之外,市场机制成为各行为主体最为重要的激励机制。在两种倾向下,农村社区服务混杂了行政与市场两种机制,并且国家的行政机制由于其资源占有及配置的垄断性而居主宰地位。市场机制在对行政机制无害的前提下,成为后者可资利用的工具。而市场机制能否以及在多大程度上发挥作用,有时会受行政机制的制约。正如在鄂东四村调查中所显示的,当民众自发购买并营运带有半公益性的电瓶车,与地方政府的行政机制不一致时,该行为立即被叫停。社区机制至少在两个方面发挥其影响:

一是对行政机制、市场机制的社区化改造,诸如基本医疗卫生服务公益目标的社区化等;二是社区机制在社区互助服务中发挥主导作用,诸如本研究中对山东 L 村的葬礼仪式与湖北 W 村的村组道路修建两个互助服务个案的考察。

三　重建农村社区服务体系的路径选择

(一) 构建以居住地为基础的社区服务边界

在城镇化背景下,农民突破原有的农村社区界线,进入城市打工,创造了城市的繁荣,也留下了农村的残缺。改革后,农民在市场经济改革大潮中,以劳动力资源的存在形态涌入城市。然而,当以经商务工为主业、以城镇为长期居住地,且城乡信息畅通、文化共通共融之时,农民的主观诉求及其社会身份的主客观认定则出现重大转向,即农民被差别对待的特殊身份逐渐被识别。这种转向既是新中国成立后城乡二元结构下对农民身份的颠覆,也是对中国传统文化观念中等级身份的背叛。这种转向可谓是深层现代化的重要一步。这种深层转向起源于市场经济领域,却绝不止于此。

农民对均等化服务的诉求与平等公民身份话语宣传相切合,在农民作为劳动力资源流动时,也在经历着社会政治意义上的城镇化,即人的城镇化。"人的城镇化"是消费主义、平等价值观等现代化意识形态赋予其合理性的。这些被合理化的诉求势必会倒逼有明显现实落差的社会体制趋向变革,社区服务体制即是其中之一,农村社区服务边界因此须重新界定。重新界定社区服务边界旨在"使服务能够围绕人展开",重新实现"居民(包括农民)-社区-服务"的协调一致。

在城镇化背景下,为适应农民流动及其新需求,实现"居民(包括农民)-社区-服务"的重合,须建立以居住地为基础的社区服务边界,为此应在以下两个方面进行变革。

第一，实现社区服务与处于流动状态的城乡居民（包括农民）的无缝对接，主要包括农村社区服务与城市社区服务相衔接、异地农村社区服务相衔接两个方面，即既要破解城乡之间的体制藩篱，又要破除不同农村社区之间的排斥性障碍。冲破地域限制或歧视，实现社区服务与农民（户籍意义上）居住地相衔接，即无论农民（户籍意义上）身处何地都可以享受到与本地居民同等的服务。

第二，为实现上述社区服务的无缝对接，须改革相应的财税体制、民主机制。一是在财税体制方面，根据社区服务的类型及不同特征，以不同层级行政区划为单位，实现跨地区、跨城乡的财税转移。二是在民主机制方面，建立社区服务内容及水平的反馈与民主评估机制，真正实现社区服务供给与需求的相对平衡与一致。

建立以居住地为基础的社区服务边界，意味着社区服务从"管理本位"向"以人为本"的转向。这不仅是对既有户籍管理制度、城乡二元结构提出的挑战，也是对我国社会管理的基础及目标变革、政治的民主化改革提出的新要求。

（二）完善农村社区服务体系

1. 重塑农村社区服务的体制空间

由于体制空间对农村社区服务具有规定性、决定性作用，体制空间的重塑显得至关重要。首先，改善农村社区服务政策体系，完善社区服务的体制空间，一方面在完善中央政府基本公共服务为主的政策体系的同时，促使地方政府完善相应细则，并制定适合本地区的社区服务政策；另一方面促使政策体系的制定面向从自上而下向自下而上转变，确保社区服务政策的合法性。其次，明确农村社区服务的责任主体及其责任范围，改善农村社区服务的行动空间。政府的介入对于完善农村社区服务具有重要意义，而政府的过度介入可能会导致其他主体的流失、社区居民的依赖、社区服务效率及质量的弱化等不良后果。政府资源的输入不一定是由政府亲自执行。

基于此，减少政府的直接涉入，通过规则制定、服务购买等方式促进农村社区服务的完善。

2. 优化农村社区服务要素及相互关系

农村社区服务所涵盖的基本公共服务、社区互助服务、社区市场化服务，在实践中各自面临不同程度的困境，并且相互之间未能达成相辅相成的关系。首先，突出基本公共服务的公共性及"兜底"功能，引入民众参与机制及监督机制、相关政策透明机制等，避免市场机制对其公共性的消解。其次，鼓励和支持依靠社区居民内部自治机制所提供的社区互助服务，以提高农村社区整合能力，促进社区融合。再次，在法律范围内，尽可能鼓励社区市场化服务，以满足社区居民的日常生产生活，减少政府的不当或过度干预。最后，在三者的关系方面，在完善基本公共服务的同时，为社区互助服务、社区市场化服务创造必要的条件，既要使居民能够生产，也可以在此基础上获得更高的生活质量，还可以在此过程中达到社会和谐状态，促使农村社区真正成为一个"管理有序、服务完善、文明祥和的生活共同体"。

3. 健全农村社区服务中的民主机制

农村社区服务主要依靠行政机制、市场机制及社区机制三种机制，而行政机制的主导性显而易见，并在一定程度上导致了社区服务供给的唯上性、垄断性后果，市场机制的逐利性则易于消解社区服务的公共性，社区机制也带有鲜明的传统或行政色彩。总之，在上述三种机制中，社区居民是缺位的，因而健全社区服务中的民主机制是必不可少的。首先，建立社区服务政策反馈及评价机制，以期及时出台、调整或完善相应社区服务政策。其次，完善农村社区服务项目的民主决策及参与机制，避免供需失衡、内部冲突等不良后果。再次，建立健全农村社区服务的纠错机制，对社区服务中的偏轨行为进行及时纠正。最后，建立社区服务协商机制，在社区服务提供前、中、后对相关意见分歧、利益冲突进行协商调解，使社区服务得以公平化、民主化、透明化实施。

参考文献

阿拉斯戴尔·麦金太尔：《追寻美德：伦理理论研究》，宋继杰译，译林出版社，2003。

埃莉诺·奥斯特罗姆：《公共事物的治理之道：集体行动制度的演进》，余逊达、陈旭东译，上海译文出版社，2012。

陈家建、张琼文：《政策执行波动与基层治理问题》，《社会学研究》2015年第3期。

狄骥：《公法的变迁·法律与国家》，郑戈等译，辽海出版社、春风文艺出版社，1999。

狄金华：《通过运动进行治理：乡镇基层政权的治理策略 对中国中部地区麦乡"植树造林"中心工作的个案研究》，《社会》2010年第3期。

斐迪南·滕尼斯：《共同体与社会——纯粹社会学的基本概念》，林荣远译，北京大学出版社，2010。

冯仕政：《中国国家运动的形成与变异：基于政体的整体性解释》，《开放时代》2011年第1期。

甘炳光等：《社区工作：理论与实践》，香港中文大学出版社，1994。

高鉴国主编、高功敬副主编《中国农村公共物品的社区供给机制》，山东人民出版社，2009。

顾东辉主编《社会工作概论》，复旦大学出版社，2008。

孔令栋：《权威与依附——传统社会主义模式下的国家与社会关系》，《文史哲》2001年第6期。

李凤琴：《国外城市社区公共服务研究综述》，《广东青年干部学院学报》2011年第3期。

李里峰：《群众运动与乡村治理——1945~1976年中国基层政治的一个解释框架》，《江苏社会科学》2014年第1期。

李锐：《大跃进亲历记》（上、下），南方出版社，1999。

李爽：《村社力量与农村基层卫生服务治理模式研究》，人民出版社，2014。

李新玲：《农村学校撤并何去何从》，《中国青年报》2012年11月23日，第2版。

廉如鉴：《作为社会动员手段的"斗争式运动"兼评冯仕政、周雪光、蔡禾四篇文章》，《学海》2014年第3期。

林志斌、李小云：《性别与发展导论》，中国农业大学出版社，2001。

刘豪兴主编、徐珂副主编《农村社会学》，中国人民大学出版社，2004。

刘祖云、孔德斌：《共同体视角下的新农村社区建设》，《学习与探索》2013年第8期。

洛克：《政府论》（下），瞿菊农、叶启芳译，商务印书馆，1982。

马克斯·韦伯：《经济行动与社会团体》，康乐、简惠美译，广西师范大学出版社，2004。

迈克尔·麦金尼斯主编《多中心体制与地方公共经济》，毛寿龙译，上海三联书店，2000。

曼瑟尔·奥尔森：《集体行动的逻辑》，陈郁、郭宇峰、李崇新译，格致出版社、上海三联书店、上海人民出版社，1995。

毛丹：《村落共同体的当代命运：四个观察维度》，《社会学研究》

2010 年第 1 期。

倪星、原超：《地方政府的运动式治理是如何走向"常规化"的？——基于 S 市市监局"清无"专项行动的分析》，《公共行政评论》2014 年第 2 期。

欧文·E. 休斯：《公共管理导论》（第二版），彭和平等译，中国人民大学出版社，2001。

齐格蒙特·鲍曼：《共同体》，欧阳景根译，江苏人民出版社，2003。

秦晖：《"大共同体本位"与传统中国社会》（下），《社会学研究》1999 年第 4 期。

沈洪成：《教育下乡：一个乡镇的教育治理实践》，《社会学研究》2014 年第 2 期。

沈满洪、谢慧明：《公共物品问题及其解决思路——公共物品理论文献综述》，《浙江大学学报》（人文社会科学版）2009 年第 6 期。

世界银行东亚与太平洋地区编著《改善农村公共服务》，中信出版社，2008。

宋连生：《总路线、大跃进、人民公社化运动始末》，云南人民出版社，2002。

王春光：《农村社会分化与农民负担》，中国社会科学出版社，2005。

王春光：《中国乡村治理结构的未来发展方向》，《人民论坛·学术前沿》2015 年第 3 期。

王铭铭：《小地方与大社会——中国社会的社区观察》，《社会学研究》1997 年第 1 期。

王盛开：《从农村政策演变看社会主义新农村的制度建设》，《红旗文稿》2007 年第 4 期。

卫小将：《中国社会工作发展模式与检视——基于上海、深圳和万载的探索分析》，《开发研究》2014 年第 5 期。

吴毅：《小镇喧嚣：一个乡镇政治运作的演绎与阐释》，三联书店，2007。

项继权:《中国农村社区及共同体的转型与重建》,《华中师范大学学报》(人文社会科学版)2009年第3期。

熊景维、钟涨宝:《新时期我国农村社会工作的典型实践、经验与挑战》,《华东理工大学学报》(社会科学版)2016年第5期。

徐岩、范娜娜、陈那波:《合法性承载:对运动式治理及其转变的新解释——以A市18年创卫历程为例》,《公共行政评论》2015年第2期。

荀丽丽、包智明:《政府动员型环境政策及其地方实践——关于内蒙古S旗生态移民的社会学分析》,《中国社会科学》2007年第5期。

杨志军:《运动式治理悖论:常态治理的非常规化——基于网络"扫黄打非"运动分析》,《公共行政评论》2015年第2期。

余红:《中国农民社会负担与农村发展研究》,上海财经大学出版社,2000。

约瑟夫·E. 斯蒂格利茨:《公共部门经济学》(第三版),郭庆旺等译,中国人民大学出版社,2005。

詹成付、王景新:《中国农村社区服务体系建设研究》,中国社会科学出版社,2008。

詹姆斯·M. 布坎南:《公共物品的需求与供给》,马珺译,上海人民出版社,2017。

詹姆斯·M. 布坎南、里查德·A. 马斯格雷夫:《公共财政与公共选择两种截然对立的国家观》,类承曜译,中国财政经济出版社,2000。

张琦:《布坎南与公共物品研究新范式》,《经济学动态》2014年第4期。

张五常:《经济解释——张五常经济论文选》,易宪容、张卫东译,商务印书馆,2000。

折晓叶、陈婴婴:《项目制的分级运作机制和治理逻辑——对"项目进村"案例的社会学分析》,《中国社会科学》2011 年第 4 期。

珍妮特·V. 登哈特、罗伯特·B. 登哈特:《新公共服务:服务而不是掌舵》,方兴、丁煌译,中国人民大学出版社,2004。

周飞舟:《锦标赛体制》,《社会学研究》2009 年第 3 期。

周雪光:《一叶知秋:从一个乡镇的村庄选举看中国社会的制度变迁》,《社会》2009 年第 3 期。

周雪光:《运动型治理机制:中国国家治理的制度逻辑再思考》,《开放时代》2012 年第 9 期。

邹谠:《中国廿世纪政治与西方政治学》,《政治研究》1986 年第 3 期。

中国社会工作教育协会组编、徐永祥主编、孙莹副主编《社区工作》,高等教育出版社,2004。

Antony A. Vass, "Law Enforcement in Community Service: Probation, Defence or Prosecution?", *Probation Journal*, 1980, Vol. 27, No. 4.

A. Samuelson, "The Pure Theory of Public Expenditure", *The Review of Economics and Statistics*, 1954, Vol. 36, No. 4.

C. Hicks, "Reluctant Empiricists: Community Mental Health Nurses and the Art of Evidence-based Praxis", *Health and Social Care in the Community*, 2002, Vol. 10, No. 4.

Dali L. Yang, *Calamity and Reform in China*, Stanford University Press, 1996.

D. J. Young, "Voluntary Purchase of Public Goods", *Public Choice*, 1982, Vol. 38, No. 1.

J. Emst, *Whose Utility? The Social Impact of Public Utility Privatization and Regulation in Britain*, Open University Press, 1995.

George Brager, Harry Specht & James L. Torczyner, *Community Organizing*, United States: Community Organization, 1987.

G. Hardin, "The Tragedy of the Commons", *Science*, 1968, Vol.

162, No. 3859.

H. Hori, "Revealed Preference for Public Goods", *The American Economic Review*, 1975, Vol. 65, No. 5.

Hilton L. Root, *Small Countries, Big Lessons: Governance and the Rise of East Asia Hong Kong*, Oxford University Press, 1996.

H. W. Dunham, *Community and Schizophrenia: An Epidemiological Analysis*, Wayne State University Press, 1965.

J. Falkinger, E. Fehr & S. Gachter, et al., "A Simple Mechanism for the Efficient Provision of Public Goods: Experimental Evidence", *The American Economic Review*, 2000, Vol. 90, No. 1.

J. M. Buchanan, "Joint Supply, Externality and Optimality", *Economics*, 1966, Vol. 33, No. 132.

J. Rothman, *Strategies of Community Intervention (6th Edition)*, F. E. Peacock Publishers, 2001.

Kieron Walsh, *Public Service and Market Machanism*, Macmillan Press Ltd., 1995.

Larry Lyon, *The Community in Urban Society*, Waveland Press, 1999.

M. Beesley & S. Littlechild, "Privatization: Principles, Problems and Priorities", *Lloyds Bank Review*, 1983, reprinted in *Bishopetal*, 1994.

M. Bayley, *Mental Handicapped and Community Care*, Routedge and Kegan Panl, 1977.

Melvin Delgado, *Community Social Work Practice in an Urban Context*, Oxford University Press, 2000.

M. J. Bailey, "Lindahl Mechanisms and Free Riders", *Public Choice*, 1994, Vol. 80, No. 1 - 2.

P. A. Samuelson, "Diagrammatic Exposition of a Theory of Public Expenditure", *The Review of Economics and Statistics*, 1955, Vol. 37, No. 4.

T. Sandler & J. Tschirhart, "Club Theory: Thirty Years Later", *Public*

Choice, 1997, Vol. 93, No. 3 - 4.

Y. Barzel, "The Market for a Semipublic Good: The Case of the American Economic Review", *The American Economic Review*, 1969, Vol. 61, No. 4.

附　录

附录一：农村社区服务状况调查问卷

_____省_____市_____市/县_____村　　问卷编号：_____
访问员姓名：_____　　录入员姓名：_____

农村社区服务状况调查问卷

亲爱的农民朋友：

　　您好！农村社区服务涉及农业生产、养老、看病、上学等重要问题，与您的切身利益密切相关。为了解农村社区服务现状，并提出对策建议，我们特开展此次调查。调查不记姓名，调查数据只用于学术研究。您的回答不涉及是非对错，请您根据实际情况做出真实回答，我们保证对您的信息严格保密。衷心感谢您的支持与合作。

华中农业大学课题组　　2013 年 1 月

　　★问卷填答说明：以下问题如果没有特殊说明，请只选一项，并在合适的选项上打"√"；如遇"_____"，请直接填写；如遇到多选题并且需要您对其排序,请在"(　　)"内依次填答。

一　基本情况

1. 您的性别是:　A. 男　　　　　　　B. 女

2. 您的民族是:　A. 汉族　　　　　　B. 少数民族

3. 您出生于_____年。

4. 您的婚姻状况是:　A. 未婚　　B. 已婚　　C. 离婚

　　　　　　　　　　D. 再婚　　E. 丧偶

5. 您的文化程度:　A. 小学及以下　　B. 初中　　C. 高中或中专

　　　　　　　　　D. 大专　　　　　E. 本科及以上

6. 您目前户口是:　A. 本村农村户口　　B. 外村农村户口

　　　　　　　　　C. 本地城镇户口　　D. 外地城镇户口

7. 您是否曾经担任或正在担任某种乡村管理职务?(按最高职务计)

　　A. 未担任任何职务　　　　　B. 组长(生产队长)

　　C. 村委会(支部)一般成员/大队一般干部

　　D. 村委会主任/村支书

　　E. 乡镇干部、领导/公社干部、领导

　　F. 大学生村官　　　　　　　G. 其他_____

8. 您目前的主要职业身份是:

　　A. 基层干部　　B. 企业主　　C. 技术人员(医生、教师等)

　　D. 个体经商户　　E. 企业管理者　　F. 务工人员

　　G. 农业劳动者　　H. 家务劳动者　　I. 失业、无业人员

　　J. 其他_____

9. 您最近三年大部分时间在哪里工作:

　　A. 本村所在县、市　　　　　　B. 本省其他县、市

C. 外省（自治区、直辖市）

10. 您家里有_____口人，居住一起的有_____口人，长年在外务工经商的有_____口人。

11. 您家人外出（务工）的形式是（可多选）：

　　A. 没有家人外出　　　　　　　B. 未婚儿女外出

　　C. 青年夫妻一方外出　　　　　D. 青年夫妻双方外出

　　E. 青年夫妻携子女外出　　　　F. 中年夫妻一方外出

　　G. 中年夫妻双方外出　　　　　H. 其他_____

12. 您家有_____亩承包田（地），承包地的利用方式是：

（1）闲置

（2）自家耕种（可多选）：A. 在家的妇女耕种

　　　　　　　　　　　　　B. 在家的老人耕种

　　　　　　　　　　　　　C. 青壮年男子耕种

　　　　　　　　　　　　　D. 青壮年夫妻耕种

　　　　　　　　　　　　　E. 农忙时外出务工者回家帮忙

　　　　　　　　　　　　　F. 其他_____

（3）出租或转让（可多选）：

　　A. 转给熟人免费耕种

　　B. 全部出租给本村人

　　C. 全部出租给外村人

　　D. 部分出租给本村人

　　E. 部分出租给外村人

　　F. 其他_____

（4）已转为非农用地（可多选）：

　　A. 自家办工厂　　B. 自家养殖　　C. 被厂商买断

　　D. 被政府征用　　E. 其他_____

13. 您如何看待您家的承包地（田）?

　　A. 是一种必不可少的经济来源　　　　B. 有没有无所谓

C. 是一种负担 D. 其他_____

14. 当前，您个人收入的主要来源是：

A. 务农 B. 工资 C. 个体经营

D. 公司经营 E. 投资 F. 离退休金

G. 亲友馈赠 H. 社会救济 I. 低保金

J. 养老保险金 K. 子女供养 L. 其他_____

15. 过去的一年，您家庭的年人均纯收入是：

A. 1500 元及以下 B. 1501~2500 元 C. 2501~5000 元

D. 5001~7500 元 E. 7501~10000 元 F. 10001 元及以上

二 农村社区服务状况

16. 就您所在村的实际情况，您所关心的主要问题是（可选择3项并根据其重要性排序）

第一 [   ] 第二 [   ] 第三 [   ]

A. 集体土地承包、流转、征收

B. 宅基地审批与置换

C. 村集体资产管理

D. 科技、文化、信息服务

E. 发展生产，增加收入

F. 医疗、养老、低保等社会保障

G. 道路、环境卫生等农村基本设施建设

H. 农村幼儿保育与学校教育 I. 计划生育

J. 农村社会治安

K. 农民外出打工面临的困难

L. 其他_____

17. 您个人在生活中遇到的最大困难有（可选择3项并根据其困难程度排序）

第一 [   ] 第二 [   ] 第三 [   ]

A. 没有工作 B. 工作不稳定

C. 收入太低 D. 赡养老人负担重

E. 养老托老不方便 F. 抚养小孩负担重

G. 托儿、就学不方便 H. 看病太贵

I. 看病不方便 J. 其他_____

18. 从您家到最近的小学或教学点大约有多远？

A. 0~2 里　　　　B. 2.1~4 里　　　C. 4.1~6 里

D. 6.1~8 里　　　E. 8 里以上

19. 您家小孩平时如何往来学校（小学或教学点及幼儿园）？

A. 没有小孩上小学或幼儿园 B. 在学校住宿

C. 小孩自己步行 D. 坐校车

E. 家长接送 F. 其他_____

20. 您认为在幼儿园或小学阶段，小孩在哪些方面存在困难？（可多选）

A. 学校教学水平差

B. 学校硬件条件差

C. 课业无人辅导

D. 上学路途太远，不安全

E. 本村没有小孩玩耍的公共场所或设施

F. 由爷爷、奶奶照看，缺乏父母关爱

G. 其他_____

21. 您认为将小孩带到务工所在地上学会有哪些困难（可选择 3 项并根据其困难程度排序）

第一 [　　] 第二 [　　] 第三 [　　]

A. 经济负担重

B. 当地学校不接收或额外收费

C. 小孩会受到歧视

D. 小孩没地方住

E. 工作忙，没有时间和精力照顾小孩

F. 在城市工作不稳定，经常换地方

G. 其他_____

22. 您所在村庄有几家卫生室（诊所）？

A. 没有
B. 1 家
C. 2 家
D. 2 家以上

23. 您认为本村或附近卫生室（诊所）能否满足居民基本需要？

A. 完全能满足
B. 基本能满足
C. 很难满足
D. 完全不能满足

24. 本村或附近卫生室（诊所）存在哪些问题？（可多选）

A. 医生业务水平低
B. 药品种类少
C. 缺少必要的医疗设备
D. 卫生条件差
E. 距离太远
F. 其他_____

25. 您对新型农村合作医疗制度满意吗？

A. 非常满意
B. 基本满意
C. 不满意
D. 非常不满意
E. 不清楚

26. 您认为新型农村合作医疗还存在哪些问题？（可多选）

A. 医保范围内的药品种类太少

B. 无法用医保卡在药店买药

C. 在大医院住院报销比例太低

D. 在外地住院后回本地报销手续太麻烦

E. 新农合限制了农民到医疗条件好的医院看病

F. 大多时间都在外地打工，在门诊看病或买药无法享受到新农合的实惠

G. 在外地，既没有办法办理新农合，也没有办法跨地区转移原有账户

H. 与城市医疗保障水平相差太大

I. 其他_____

27. 您家老人目前怎样居住?

　　A. 与儿子、儿媳一起居住

　　B. 与女儿、女婿一起居住

　　C. 仅和配偶一起居住

　　D. 与子女一起，但和配偶分开过

　　E. 自己单独居住　　　　　　　　F. 在子女家轮流居住

　　G. 养老院　　　　　　　　　　　H. 其他_____

28. 在过去一年中，您是否经常为自己的父母提供以下帮助？（每行单选）

您对自己父母	很经常	经常	有时	很少	完全没有	不适用	
（1）给钱							金额_____元
（2）帮助料理家务							
（3）帮助做农活							
（4）听他们的心事或想法							

29. 您家老人遇到的困难有哪些？（可多选）

　　A. 没有困难　　　　　　　　　　B. 有慢性疾病，医药负担重

　　C. 生活条件比较差　　　　　　　D. 年轻人外出，没人照料

　　E. 在家中地位低，得不到尊重　　F. 缺少聊天的对象

　　G. 缺乏老人活动场所　　　　　　H. 整天忙于照顾孙子或孙女

　　I. 其他_____

30. 您打算以后在哪里养老？

　　A. 在家养老　　　　　　　　　　B. 在乡镇养老院养老

　　C. 在城市（包括县城）养老　　　D. 不确定

　　E. 其他_____

31. 您家的房子是哪些人建的？

　　A. 建筑队　　　　　　　　　　　B. 本家族的人

　　C. 亲戚朋友　　　　　　　　　　D. 其他_____

32. 您家有没有付给建房子的人费用?

A. 没有　　　　　　　　　　B. 有

33. 您家的婚丧嫁娶主要由谁来组织?

A. 本家族的人　　　B. 亲戚朋友　　　C. 专业公司

D. 志愿组织　　　　E. 村委会　　　　F. 老人（协会）

G. 其他_____

34. 您是否可以在村内买到化肥?

A. 可以　　　　　　　　　　B. 不可以

35. 离您家最近的彩电商店距离村庄有多远?

A. 村内　　　　　　B. 1~3公里　　　　C. 3.1~6公里

D. 6.1~9公里　　　E. 9.1~12公里　　　F. 12公里以上

36. 您认为外出务工的农民在城市最需要哪些服务（可选择3项并根据其重要性排序）

第一 [　　] 第二 [　　] 第三 [　　]

A. 务工信息　　　　B. 就业培训　　　C. 就医保障

D. 子女教育保障　　E. 住房保障　　　F. 其他_____

37. 您所在村庄有没有非本村户籍外来人口?

A. 没有（若选此项，请跳过38题）　　B. 有

38. 非本村户籍的外来人口有没有平等地享受到下列社区服务?

社区服务项目	有	没有
（1）小孩上学	A	B
（2）医疗服务	A	B
（3）住房保障	A	B
（4）享受本村低保	A	B
（5）使用本村文体设施及休闲场所	A	B

39. 您如何看待您所在的村庄?（可多选）

A. 与自己关系不大　　　　　B. 提供生产与生活场所而已

C. 提供必要的帮助与服务　　D. 只是一个养老场所

E. 对村庄有一种感情上的依恋　　F. 其他_____

40. 您认为如何完善本村的社区服务？

_____

_____

41. 您认为如何完善打工所在地（主要指城市）的社区服务？

_____

_____

附录二：湖北省"村村通客车"状况调查问卷

_____县（市/区）_____乡（镇）_____村

湖北省"村村通客车"状况调查问卷

亲爱的农民朋友：

您好！"三万"活动以"送政策、访民情、办实事、促发展"为实践载体，深入农村，切实为百姓办实事、办好事。今年"三万"活动的重点工作是"村村通客车"，为了更好地服务农村，最大限度地满足农民需求，认真落实村村通项目工作，特制定此问卷。在此希望您根据当地的实际情况如实填写以下问卷，您填写的内容不会对他人公开，谢谢您的配合！

2015 年 4 月 3 日

1. 您的性别：A. 男　　　　　　B. 女
2. 您的年龄是_____
3. 您的经济收入主要来源于（　　）
   A. 务农　　　　　　B. 打工　　　　　C. 养老金
   D. 经商　　　　　　E. 其他（请注明）_____
4. 去年，您的年收入是（　　）
   A. 5000 元以下　　　　　　　　B. 5000 ~ 7000 元
   C. 7000 ~ 9000 元　　　　　　　D. 9000 元及以上
5. 您平时的出行方式是（　　）
   A. 摩托车/电动车　　B. 搭麻木车　　　C. 步行
   D. 自行车　　　　　E. 小汽车　　　　F. 其他（请注明）____
6. 您平时主要去哪个地方（　　）
   A. 孔垄镇　　　　　B. 九江　　　　　C. 小池

D. 龙感湖　　　　　　E. 黄梅　　　　　F. 其他(请注明)＿＿＿

7. 您平时出行的目的是（　　　）

   A. 接小孩　　　　　B. 买东西　　　　C. 听戏

   D. 做生意　　　　　E. 其他（请注明）＿＿＿＿＿＿

8. 您一周出行的次数大约是（　　　）

   A. 0 次　　　　　　　　　　　　　B. 1~3 次

   C. 3~5 次　　　　　　　　　　　　D. 5 次及以上

9. 如果开通"村村通客车"，您能够接受的车票价格是（　　　）

   A. 1 元　　　　　　B. 2 元　　　　　C. 3 元

   D. 4 元　　　　　　E. 根据距离远近　F. 无所谓

10. 如果村村通道路建设或者道路拓宽过程中占了您家里的土地，您觉得（　　　）

    A. 为了村里建设，舍小家为大家

    B. 钱不用多，但是象征性地收取一定费用

    C. 按占地面积一次性补偿

    D. 每年按占地面积补偿土地租金

    E. 其他（请注明）＿＿＿＿＿＿

11. 村村通道两边樟树或者桂花树绿化您怎么看（　　　）

    A. 很赞同，美化环境

    B. 我家田地在边上遮住了阴，不好

    C. 没有田地在路边上，无所谓

    D. 不同意，浪费钱

    E. 不要我出钱就行

12. "村村通客车"，通什么车比较符合实际（　　　）

    A. 电瓶车　　　　　　　　B. 公交车

    C. 普通荷载 15 人的客车　D. 荷载 30 人的客车

    E. 其他（请注明）＿＿＿＿＿＿

13. 您觉得通车之后，乘车的人主要是（　　）（可多选）

　　A. 上学的青少年　　　　B. 打工青年　　　C. 中年人

　　D. 老年人　　　　　　　E. 其他（请注明）_____

14. 你希望车辆一天经过本村几个班次（　　）

　　A. 1～2 个班次　　　　　　　　　　　B. 3～5 个班次

　　C. 6～8 个班次　　　　　　　　　　　D. 9 个班次及以上

15. 本村的村民乘车时间主要集中在（　　）（可多选）

　　A. 主要集中在上午（6：00～11：00）

　　B. 主要集中在中午（11：01～14：00）

　　C. 主要集中在下午（14：01～19：00）

　　E. 主要集中在晚间（19：01～第二天 5：59）

16. 如果"村村通客车"建设需要村里每人出 100 元，您的态度是（　　）

　　A. 愿意　　　　　　　　　　　　　　B. 不愿意

17. "村村通客车"建设，您最关注的是（　　）

　　A. 建设资金是否公开透明

　　B. 道路能否修好，顺利通车

　　C. 线路是否方便合理

　　D. 道路质量是否合格

　　E. 营运是否安全

　　F. 其他（请注明）____

18. 对于"村村通客车"建设，您怎么看（　　）

　　A. 是好事，很支持

　　B. 很期待，但是对能否建设好抱有疑问

　　C. 劳民伤财，又是形式主义

　　D. 不信任，不能建设好

　　E. 其他（请注明）_____

19. 您对村村通客车有什么建议吗?

附录三：农村社区服务政策文件

一 中共中央、国务院及各部委政策文件摘录

（一）卫生医疗类

1. 全面落实初级卫生保健工作；改革卫生管理体制；健全卫生服务网络；推进乡镇卫生院改革；提高卫生技术人员素质；完善卫生经济政策；加强药品供应与使用的管理；实行多种形式的农民健康保障办法；重视做好贫困地区和少数民族地区的卫生工作；加强组织领导。——《国务院办公厅转发国务院体改办等部门关于农村卫生改革与发展指导意见的通知》（2001年）

2. 建立基本设施齐全的农村卫生服务网络，建立具有较高专业素质的农村卫生服务队伍，建立精干高效的农村卫生管理体制，建立以大病统筹为主的新型合作医疗制度和医疗救助制度，使农民人人享有初级卫生保健，主要健康指标达到发展中国家的先进水平。——《中共中央 国务院关于进一步加强农村卫生工作的决定》（2002年）

3. 新型农村合作医疗制度实行个人缴费、集体扶持和政府资助相结合的筹资机制；农村合作医疗基金是由农民自愿缴纳、集体扶持、政府资助的民办公助社会性资金，要按照以收定支、收支平衡和公开、公平、公正的原则进行管理，必须专款专用，专户储存，不得挤占挪用。——《国务院办公厅转发卫生部等部门关于建立新型农村合作医疗制度意见的通知》（2003年）

4. 为了提高乡村医生的职业道德和业务素质，加强乡村医生从业管理，保护乡村医生的合法权益，保障村民获得初级卫生保健服务，根据《中华人民共和国执业医师法》的规定，制定本条例。——《乡村医生从业管理条例》（2003年）

5. 试点工作的主要目标任务是，研究和探索适应经济发展水平、农民经济承受能力、医疗服务供需状况的新型农村合作医疗政策措施、运行机制和监管方式，为全面建立新型农村合作医疗制度提供经验。——《国务院办公厅转发卫生部等部门关于进一步做好新型农村合作医疗试点工作指导意见的通知》（2004年）

6. 不断完善合作医疗资金筹集和监管机制；科学合理制定和调整农民医疗费用补偿方案；加强合作医疗管理能力建设；进一步解决好贫困农民的看病就医问题；加强农村医疗服务监管；继续加强农村药品监督和供应网络建设；加快推进农村卫生服务体系建设；加强农村基层医疗卫生队伍建设；加强对新型农村合作医疗的组织领导。——《关于加快推进新型农村合作医疗试点工作的通知》（2006年）

7. 加快农村卫生管理体制和运行机制改革；建立和完善新型农村合作医疗和医疗救助制度；加强农村卫生服务队伍建设；建立稳定的农村卫生投入机制。——《农村卫生服务体系建设与发展规划》（2006年）

8. 在确保基金安全和有效监管的前提下，积极提倡以政府购买医疗保障服务的方式，探索委托具有资质的商业保险机构经办各类医疗保障管理服务的有关要求，深入推进医药卫生体制改革，加快建设适应我国社会主义市场经济要求的基本医疗保障管理运行机制，促进新型农村合作医疗制度平稳高效运行。——《关于商业保险机构参与新型农村合作医疗经办服务的指导意见》（2012年）

9. 指导各地积极探索实行按病种付费、按床日付费、按人头付费、总额预付等付费方式，进一步完善新型农村合作医疗支付制度。——《关于推进新型农村合作医疗支付方式改革工作的指导意见》（2012年）

10. 加大工作力度，确保完成工作任务；强化质量管理，规范医疗服务行为；提高医疗服务能力，保障医疗服务供给；完善招标采购机制，保障药品和耗材供给；加强协议管理，提高新农合基金使用效率；加强协调配合，强化组织管理。——《卫生部关于加快推进农村居民重大疾病医疗保障工作的意见》（2012年）

11. 在国务院扶贫办建档立卡农村贫困人口"因病致贫、因病返贫"数据基本信息（家庭地址、家庭编码、姓名、性别、年龄、身份证号、婚姻状况和民族等12项）的基础上，调查疾病诊断名称、确诊日期、确诊机构、医疗总费用、新农合报销金额、大病保险报销金额、民政救助金额、自付金额及诊疗结果等11项内容。——《关于开展建档立卡农村贫困人口因病致贫因病返贫调查工作的通知》（2016年）

12. 推进城乡居民基本医保（新农合）县域内实施农村贫困住院费用"先诊疗，后付费"，入院时不需缴纳住院押金，由定点医疗机构与新农合经办管理机构之间进行结算，减轻患者垫资压力。——《农村贫困住院患者县域内"先诊疗，后付费"工作方案》（2017年）

13. 通过开展农村环境卫生监测，掌握农村环境卫生健康危害因素水平及动态变化，客观评价农村环境卫生状况，为制订政策措施提供依据和技术支持。——《全国农村环境卫生监测工作方案（2018年版）》（2018年）

14. 坚持"卫生、经济、适用、环保"和"集中连片、整村推进"的原则建设农村户厕。科学有序推进农村户厕建设；创新农村户厕建设管理模式；在全社会营造良好氛围；强化责任落实。——《全国爱卫办关于进一步推进农村户厕建设的通知》（2018年）

15. 加强专项救治医疗质量安全管理；加快落实"一站式"结算。——《关于进一步加强农村贫困人口大病专项救治工作的通知》（2018年）

16. 将膀胱癌、卵巢癌、肾癌、重性精神疾病及风湿性心脏病5个病种纳入农村贫困人口大病专项救治范围。——《关于进一步扩

大农村贫困人口大病专项救治病种范围的通知》（2020年）

（二）教育类

1. 中央安排专项资金支持地方政府完成对农村中小学现存D级危房的改造任务。建立和完善农村义务教育设施建设投入新机制。农村中小学现存的B级、C级危房及以后新产生的危房，由地方政府负责核查、制订规划、落实资金并承担改造责任。——《教育部、国家发展改革委、财政部关于农村中小学危房改造工程的实施意见》（2003年）

2. 明确农村教育在全面建设小康社会中的重要地位，把农村教育作为教育工作的重中之重；加快推进"两基"攻坚，巩固提高普及义务教育的成果和质量；坚持为"三农"服务的方向，大力发展职业教育和成人教育，深化农村教育改革；落实农村义务教育"以县为主"管理体制的要求，加大投入，完善经费保障机制；建立健全资助家庭经济困难学生就学制度，保障农村适龄少年儿童接受义务教育的权利；加快推进农村中小学人事制度改革，大力提高教师队伍素质；实施农村中小学现代远程教育工程，促进城乡优质教育资源共享，提高农村教育质量和效益；切实加强领导，动员全社会力量关心和支持农村教育事业。——《国务院关于进一步加强农村教育工作的决定》（2003年）

3. 通过实施农村中小学现代远程教育工程，使农村初中基本具备计算机教室，农村小学基本具备卫星教学收视点，农村小学教学点基本具备教学光盘播放设备和成套教学光盘，初步形成农村教育信息化的环境，实现优质教育资源共享，为农村学校逐步普及信息技术教育打下基础；有力促进尚未"普九"的县基本实现义务教育普及目标，基本解决农村地区优质教育教学资源匮乏、师资短缺、教育教学质量不高的问题。同时，初步形成农村教育信息化的环境，持续向农村中小学提供优质教育教学资源，不断加强教师培训，实现农村中小学教育质量的整体提高；发挥农村学校在当地传播文化、交流信息的作用,为农村职业技术教育、成人教育、农村经济和社会发展服务,为开展农村党员干部现代远程教育服务。——《农村中小学现代远程教育工程总体实施方案》(2004年)

4. 加快农村寄宿制学校建设;扶持西部农村地区家庭经济困难学生就学;实施农村中小学现代远程教育;大力加强西部农村地区教师队伍建设;深化教学改革,提高教育质量;加大教育对口支援力度;明确地方各级人民政府在"两基"攻坚中的责任。——《国家西部地区"两基"攻坚计划(2004—2007年)》(2004年)

5. 严格按照规划和年度计划实施"寄宿制工程",确保西部地区"两基"攻坚目标如期实现;出台优惠政策,尽量减免"寄宿制工程"建设收费;切实加强项目前期工作,严格履行建设程序;因地制宜采取措施,切实加强寄宿制学校管理;强化责任意识,严把工程质量关;通过多种形式,加强对"寄宿制工程"的检查和指导。——《国务院办公厅转发教育部等部门关于进一步做好农村寄宿制学校建设工程实施工作若干意见的通知》(2005年)

6. 全部免除农村义务教育阶段学生学杂费,对贫困家庭学生免费提供教科书并补助寄宿生生活费;提高农村义务教育阶段中小学公用经费保障水平;建立农村义务教育阶段中小学校舍维修改造长效机制;巩固和完善农村中小学教师工资保障机制。——《国务院关于深化农村义务教育经费保障机制改革的通知》(2005年)

7. 为加强对全国农村义务教育经费保障机制改革工作的领导,国务院决定成立全国农村义务教育经费保障机制改革领导小组。国务委员陈至立任组长,教育部部长周济、国务院副秘书长陈进玉、财政部部长助理张少春任副组长。——《国务院办公厅关于成立全国农村义务教育经费保障机制改革领导小组的通知》(2006年)

8. 为加强对中西部农村初中校舍改造工程的领导,国务院决定成立国家中西部农村初中校舍改造工程领导小组。国务委员陈至立任组长,教育部部长周济、国务院副秘书长项兆伦、发展改革委副

主任张茅任副组长。——《国务院办公厅关于成立国家中西部农村初中校舍改造工程领导小组的通知》（2007年）

9. 全面贯彻党的教育方针，全面实施素质教育；贯彻实施义务教育法，普及巩固九年义务教育；加快发展职业教育，提高劳动者素质；着力提高高等教育质量，努力增强高校创新与服务能力；切实加强教师队伍建设，全面提高教师队伍素质；加强学校领导干部队伍建设和党建工作；加快构建现代化教育体系，积极推进学习型社会建设；加强教育国际合作与交流，提高教育对外开放水平；建立健全资助体系，保障家庭经济困难学生的受教育机会。——《国家教育事业发展"十一五"规划纲要》（2007年）

10. 为全面深化农村综合改革，探索化解乡村公益事业债务，消除农民负担反弹的隐患，促进农村社会和谐稳定，经国务院同意，在总结一些地方试点经验的基础上，选择部分省（区）开展清理化解"普九"债务试点。——《国务院办公厅转发国务院农村综合改革工作小组关于开展清理化解农村义务教育"普九"债务试点工作意见的通知》（2007年）

11. 科学制定农村义务教育学校布局规划；严格规范学校撤并程序和行为；办好村小学和教学点；解决学校撤并带来的突出问题；开展农村义务教育学校布局调整专项督查。——《国务院办公厅关于规范农村义务教育学校布局调整的意见》（2012年）

12. 全面提高乡村教师思想政治素质和师德水平；拓展乡村教师补充渠道；提高乡村教师生活待遇；统一城乡教职工编制标准；职称（职务）评聘向乡村学校倾斜；推动城镇优秀教师向乡村学校流动；全面提升乡村教师能力素质；建立乡村教师荣誉制度。——《国务院办公厅关于印发乡村教师支持计划（2015—2020年）的通知》（2015年）

13. 继续实施农村订单定向医学生免费培养工作；统筹做好免费医学生招生录取工作；落实好免费医学生培养经费；改革免费本科

医学生人才培养模式；切实做好免费医学毕业生就业安排；积极开展免费医学生毕业后教育培训；加强免费医学毕业生就业履约管理；完善免费医学毕业生职业发展的政策措施；加强免费医学生培养工作的组织领导。——《教育部等 6 部门关于进一步做好农村订单定向医学生免费培养工作的意见》（2015 年）

14. 推动高等农林教育创新发展；培育农林学生"爱农知农为农"素养；提升农林专业建设水平；创新农林人才培养模式；完善农科教协同育人机制；拓展一流师资队伍建设途径；培育高等农林教育质量文化。——《教育部 农业农村部 国家林业和草原局关于加强农科教结合实施卓越农林人才教育培养计划 2.0 的意见》（2018 年）

（三）交通运输类

1. 改革开放以来，我国农村公路快速发展，但管理、养护滞后的问题十分突出。明确职责，建立健全以县为主的农村公路管理养护体制；建立稳定的农村公路养护资金渠道，加强资金使用管理；实行管养分离，推进公路养护市场化；完善配套措施，确保改革平稳进行。——《国务院办公厅关于印发农村公路管理养护体制改革方案的通知》（2005 年）

2. 本办法适用于经国务院审议通过的《农村公路建设规划》中"十一五"期间中央投资 1000 亿元，对通乡（镇）公路、通建制村公路进行路面硬化改造，铺筑沥青、水泥等路面补助的项目。农村公路改造工程实行分级、分类管理，遵循权责一致的原则，履行符合农村公路改造工程特点的建设程序；实施农村公路改造工程的有关行政管理部门、建设单位、勘察设计、施工、监理等单位均要按照有关法律、法规承担相应责任。——《农村公路改造工程管理办法》（2005 年）

3. 推进农村邮政基础设施建设；支持邮政进入农资市场；鼓励发展连锁经营；完善政策扶持机制；加强规划引导工作。——《国

务院办公厅转发交通运输部等部门关于推动农村邮政物流发展意见的通知》(2009年)

4. 完善农村公路管理养护体制：省、市级人民政府加强统筹和指导监督，县级人民政府履行主体责任，发挥乡村两级作用和农民群众积极性；强化农村公路管理养护资金保障：落实成品油税费改革资金，加大财政资金支持力度，强化养护资金使用监督管理，创新农村公路发展投融资机制；建立农村公路管理养护长效机制：加快推进农村公路养护市场化改革，加强安全和信用管理，强化法规政策和队伍建设。——《国务院办公厅关于深化农村公路管理养护体制改革的意见》(2009年)

5. 打造农村现代寄递物流网；实施农产品冷链建设工程；提升农村寄递物流效率；开展邮政业兴农行动；高起点发展农村绿色寄递；促进乡村文化和旅游发展；打造农村综合服务平台；实施农村寄递安全提升计划；开展农民就业创业扶持行动；助力打赢脱贫攻坚战。——《关于推进邮政业服务乡村振兴的意见》(2009年)

6. 推动网络节点共建共享；支持运力资源互用互补；推进融合规范运作；推动多方协作联动；协同抓好落地实施。——《交通运输部 国家邮政局 中国邮政集团公司关于深化交通运输与邮政快递融合推进农村物流高质量发展的意见》(2019年)

（四）社会保障类

1. 老年、残疾或者未满16周岁的村民，无劳动能力、无生活来源又无法定赡养、抚养、扶养义务人，或者其法定赡养、抚养、扶养义务人无赡养、抚养、扶养能力的，享农村五保供养待遇。农村五保供养包括下列供养内容：（一）供给粮油、副食品和生活用燃料；（二）供给服装、被褥等生活用品和零用钱；（三）提供符合基本居住条件的住房；（四）提供疾病治疗，对生活不能自理的给予照料；（五）妥善办理丧葬事宜。——《农村五保供养工作条例》(2006年)

2. 农村最低生活保障标准由县级以上地方人民政府按照能够维持当地农村居民全年基本生活所必需的吃饭、穿衣、用水、用电等费用确定,并报上一级地方人民政府备案后公布执行。农村最低生活保障标准要随着当地生活必需品价格变化和人民生活水平提高适时进行调整。农村最低生活保障对象是家庭年人均纯收入低于当地最低生活保障标准的农村居民,主要是因病残、年老体弱、丧失劳动能力以及生存条件恶劣等原因造成生活常年困难的农村居民。——《国务院关于在全国建立农村最低生活保障制度的通知》(2007年)

3. 抓紧解决农民工工资偏低和拖欠问题;依法规范农民工劳动管理;搞好农民工就业服务和培训;积极稳妥地解决农民工社会保障问题;切实为农民工提供相关公共服务;健全维护农民工权益的保障机制;促进农村劳动力就地就近转移就业;加强和改进对农民工工作的领导。——《国务院关于解决农民工问题的若干意见》(2006年)

4. 年满60周岁、未享受城镇职工基本养老保险待遇的农村有户籍的老年人,可以按月领取养老金。养老金待遇由基础养老金和个人账户养老金组成,支付终身。——《国务院关于开展新型农村社会养老保险试点的指导意见》(2009年)

5. 为加强对新型农村社会养老保险试点工作的政策协调和组织指导,国务院决定成立国务院新型农村社会养老保险试点工作领导小组。国务院副总理张德江任组长,人力资源社会保障部部长尹蔚民、财政部副部长王军、国务院副秘书长肖亚庆任副组长。——《国务院办公厅关于成立国务院新型农村社会养老保险试点工作领导小组的通知》(2009年)

6. 要统一组织,使农村低保和扶贫对象识别工作在时间和程序上同步进行;对农村低保对象,要力争做到应保尽保,按照政策规定发放最低生活保障金;对农村低保和扶贫对象实行动态管理。——《国

务院办公厅转发扶贫办等部门关于做好农村最低生活保障制度和扶贫开发政策有效衔接扩大试点工作意见的通知》(2010年)

7. 着力稳定和扩大农民工就业创业；着力维护农民工的劳动保障权益；着力推动农民工逐步实现平等享受城镇基本公共服务和在城镇落户；着力促进农民工社会融合；进一步加强对农民工工作的领导。——《国务院关于进一步做好为农民工服务工作的意见》(2014年)

8. 在坚持依法行政、保持政策连续性的基础上，着力加强农村低保制度与扶贫开发政策衔接；县级民政、扶贫等部门和残联要密切配合，加强农村低保和扶贫开发在对象认定上的衔接；各地要加大省级统筹工作力度，制定农村低保标准动态调整方案，确保所有地方农村低保标准逐步达到国家扶贫标准；对农村低保对象和建档立卡贫困人口实施动态管理。——《国务院办公厅转发民政部等部门关于做好农村最低生活保障制度与扶贫开发政策有效衔接指导意见的通知》(2016年)

9. 坚持问题导向，集中治理"人情保"、"关系保"、"错保"、"漏保"，坚决查处农村低保工作中的腐败和作风问题，进一步提升农村低保规范管理水平，切实发挥农村低保在打赢脱贫攻坚战中的兜底保障作用。——《全国农村低保专项治理方案》(2018年)

(五) 儿童保护类

1. 完善农村留守儿童关爱服务体系；建立健全农村留守儿童救助保护机制；从源头上逐步减少儿童留守现象；强化农村留守儿童关爱保护工作保障措施。——《国务院关于加强农村留守儿童关爱保护工作的意见》(2016年)

2. 国务院同意建立由民政部牵头的农村留守儿童关爱保护工作部际联席会议制度。在国务院领导下，统筹协调全国农村留守儿童关爱保护工作。研究拟订农村留守儿童关爱保护工作政策措施和年度工作计划，向国务院提出建议；组织协调和指导农村留守儿童关爱爱保护工作，推动部门沟通与协作，细化职责任务分工，加强政策衔接和工作对接，完善关爱服务体系，健全救助保护机制；督促、检查农村留守儿童关爱保护工作的落实，及时通报工作进展情况；完成国务院交办的其他事项。——《国务院办公厅关于同意建立农村留守儿童关爱保护工作部际联席会议制度的函》（2016 年）

3. 国务院同意调整农村留守儿童关爱保护工作部际联席会议制度，建立农村留守儿童关爱保护和困境儿童保障工作部际联席会议制度。在国务院领导下，统筹协调全国农村留守儿童关爱保护和困境儿童保障工作。研究拟订农村留守儿童关爱保护和困境儿童保障工作政策措施和年度工作计划，向国务院提出建议；组织协调和指导农村留守儿童关爱保护和困境儿童保障工作，推动部门沟通与协作，细化职责任务分工，加强政策衔接和工作对接，完善关爱服务体系，健全救助保护机制；督促、检查农村留守儿童关爱保护和困境儿童保障工作的落实，及时通报工作进展情况；完成国务院交办的其他事项。——《国务院办公厅关于同意建立农村留守儿童关爱保护和困境儿童保障工作部际联席会议制度的函》（2018 年）

4. 提升未成年人救助保护机构和儿童福利机构服务能力；加强基层儿童工作队伍建设；鼓励和引导社会力量广泛参与；强化工作保障。——《关于进一步健全农村留守儿童和困境儿童关爱服务体系的意见》（2019 年）

5. 重点突出四个专题。一是家庭监护专题，引导儿童父母或者其他监护人进一步强化监护主体责任意识，依法尽责，加强对儿童的有效监护。二是儿童安全自护专题，教育引导儿童增强自我保护意识，学习自我保护技能，提高自我判断危险能力。三是亲情沟通专题，宣讲父母或者其他监护人掌握沟通交流方式方法，加强亲情关爱。四是工作履职专题，宣讲村（居）民委员会成员、儿童主任落实工作职责，切实完善强制报告、应急处置、评估帮扶、监护干预的救助保护机制，提升农村留守儿童和困境儿童关爱服务水

平。——《民政部关于组织开展全国农村留守儿童和困境儿童关爱保护"政策宣讲进村（居）"活动的通知》（2020年）

（六）**基础设施类**

1. 为切实加强对新农村建设的指导，大力支持农村基础设施建设，我委在深入基层调查研究的基础上，结合发展改革系统农村经济部门的职能，制定了《国家发展改革委关于加强农村基础设施建设，扎实推进社会主义新农村建设的意见》。——《国家发展改革委关于印发加强农村基础设施建设扎实推进社会主义新农村建设的意见的通知》（2006年）

2. 制定农民工程建设规划；加强村镇建设规划和农村建房抗震管理；加强农村民居实用抗震技术研究开发；组织农村建筑工匠防震抗震技术培训；建立农村防震抗震技术服务网络；组织实施农村民居示范工程；加强农村防震减灾教育。——《国务院办公厅转发地震局建设部关于实施农村民居地震安全工程意见的通知》（2007年）

3. 农村电网改造升级是指变电站、线路（原则上不含入地电缆）等农村电网设施的新建，以及对已运行农网设施局部或整体就地或异地建设、增容、更换设备等。农网改造升级项目管理按照"统一管理、分级负责、强化监管、提高效益"的原则，实行各级政府主管部门指导、监督，省级电网经营企业作为项目法人全面负责的管理体制。——《农村电网改造升级项目管理办法》（2010年）

4. 统筹兼顾，分步实施。优先解决严重影响居民身体健康的水质问题、涉水重病区的饮水安全问题以及局部地区严重缺水问题。规模发展，注重实效。有条件的地区优先采取城镇水厂管网延伸，或建设跨村、跨乡镇联片集中供水工程等方式，发展规模化集中供水，实现供水到户；不具备条件的地方，因地制宜，采取分散式供水或分质供水。防治结合，确保水质。加强饮用水水源地的保护，防止污染和人为破坏。建管并重，良性运行。建立健全县级供水技术服务体系。政府主导,农民参与。农村饮水安全工程建设管理任务由地方政府负总责,中央给予指导和资金支持。鼓励和引导社会资金投入。——《全国农村饮水安全工程"十二五"规划》(2012年)

5. 加快新型小城镇、中心村电网和农业生产供电设施改造升级;稳步推进农村电网投资多元化;开展西藏、新疆以及四川、云南、甘肃、青海四省藏区农村电网建设攻坚;加快西部及贫困地区农村电网改造升级;推进东中部地区城乡供电服务均等化进程。——《国务院办公厅转发国家发展改革委关于"十三五"期间实施新一轮农村电网改造升级工程意见的通知》(2016年)

6. 重点任务:优化农村沼气发展结构;提升三沼产品利用水平;提高科技创新支撑水平;加强服务保障能力建设。重大工程:规模化生物天然气工程;规模化大型沼气工程;户用沼气和中小型沼气工程;支撑服务能力建设工程——《全国农村沼气发展"十三五"规划》(2017年)

7. 规范补助对象认定程序;建立危房台账并实施精准管理;坚持农村危房改造基本安全要求;明确危房改造建设标准;因地制宜采取适宜改造方式和技术;加强补助资金使用管理和监督检查;建立完善危房改造信息公示制度。——《农村危房改造脱贫攻坚三年行动方案》(2018年)

(七) 其他

1. 扶持农村题材影片的创作生产;推进农村电影体制机制改革;推广农村电影数字化放映;扶持农村电影公益性放映。——《国务院办公厅转发广电总局等部门关于做好农村电影工作意见的通知》(2007年)

2. 统筹城乡发展,推进社会主义新农村建设。解决好农业、农村、农民问题,事关全面建设小康社会大局,必须始终作为全党工作的重中之重。要加强农业基础地位,走中国特色农业现代化道路,建立以工促农、以城带乡长效机制,形成城乡经济社会发展一体化新格局。坚持把发展现代农业、繁荣农村经济作为首要任务，加强农村基础设施建设，健全农村市场和农业服务体系。加大支农惠农政策力度，严格保护耕地，增加农业投入，促进农业科技进步，增强农业综合生产能力，确保国家粮食安全。加强动植物疫病防控，提高农产品质量安全水平。以促进农民增收为核心，发展乡镇企业，壮大县域经济，多渠道转移农民就业。提高扶贫开发水平。深化农村综合改革，推进农村金融体制改革和创新，改革集体林权制度。坚持农村基本经营制度，稳定和完善土地承包关系，按照依法自愿有偿原则，健全土地承包经营权流转市场，有条件的地方可以发展多种形式的适度规模经营。探索集体经济有效实现形式，发展农民专业合作组织，支持农业产业化经营和龙头企业发展。培育有文化、懂技术、会经营的新型农民，发挥亿万农民建设新农村的主体作用。——《高举中国特色社会主义伟大旗帜　为夺取全面建设小康社会新胜利而奋斗——在中国共产党第十七次全国代表大会上的报告》（2007年）

3. 2010年农业农村工作的总体要求是：全面贯彻党的十七大和十七届三中、四中全会以及中央经济工作会议精神，高举中国特色社会主义伟大旗帜，以邓小平理论和"三个代表"重要思想为指导，深入贯彻落实科学发展观，把统筹城乡发展作为全面建设小康社会的根本要求，把改善农村民生作为调整国民收入分配格局的重要内容，把扩大农村需求作为拉动内需的关键举措，把发展现代农业作为转变经济发展方式的重大任务，把建设社会主义新农村和推进城镇化作为保持经济平稳较快发展的持久动力，按照稳粮保供给、增收惠民生、改革促统筹、强基增后劲的基本思路，毫不松懈地抓好农业农村工作，继续为改革发展稳定大局作出新的贡献。——《中共中央　国务院关于加大统筹城乡发展力度进一步夯实农业农村发展基础的若干意见》（2009年）

二 部分省份相关政策文件摘录

(一) 浙江省

1. 健全农村消防宣传教育工作体系,基本建立"政府牵头、部门联动、条块结合、人人参与"的农村消防宣传教育工作机制;农村消防宣传教育工作职责、任务明确,防火巡查、检查制度落实,消防安全管理措施到位;以农村消防宣传为切入点,推进农村消防基础设施和多种形式消防队伍建设,农村消防工作群防群治局面基本形成;经常开展群众性消防宣传和消防法制教育活动,定期组织各类消防安全培训,广大农村群众普遍达到"两懂三会"的基本要求。——《关于加强农村消防宣传教育工作的意见》(2003年)

2. 坚持合理保障,强化激励,充分考虑经济发展水平,合理确定被征地农民的社会保障水平,充分调动被征地农民自主择业和就业后继续参保的积极性;坚持统一制度,因地制宜,建立被征地农民社会保障制度;坚持覆盖城乡,突出重点,建立被征地农民社会保障制度,城乡基本政策要统一;坚持多方筹资,明确责任。以县(市、区)为基础,由政府、集体、个人共同出资,多渠道筹集被征地人员社会保障费用。——《浙江省人民政府关于加快建立被征地农民社会保障制度的通知》(2003年)

3. 加大宣传力度,提高法律援助在农村的知晓度;扩大受援对象和受案范围,提高法律援助在农村的覆盖面;进一步完善便民措施,提高农村法律援助的服务能力;加强机构队伍建设,健全农村法律援助组织网络;落实经费保障,加大对欠发达地区的支持力度;加强组织领导,确保农村法律援助各项工作任务落到实处。——《浙江省人民政府办公厅关于进一步加强农村法律援助工作的意见》(2008年)

4. 充分认识加强基层农业公共服务体系建设的重要性;加强基层农业公共服务体系建设的总体要求;加强基层农业公共服务机构

队伍建设；建立健全责任制度和激励机制；努力提高基层农业公共服务人员素质；逐步改善基层农业公共服务条件；切实加强对基层农业公共服务体系建设的领导。——《浙江省人民政府关于加强基层农业公共服务体系建设的意见》（2009年）

5. 明确机构性质和人员编制；深化农村医疗卫生机构内部运行机制改革；建立能进能出、竞争上岗的用人制度；强化卫技人员培训培养和考核激励制度；完善农村医疗卫生服务网络；探索县乡医疗卫生资源整合。——《浙江省人民政府办公厅关于开展农村医疗卫生服务机构体制机制改革试点的通知》（2009年）

6. 扎实推进农村医疗卫生服务体系建设标准化工程；启动县乡村医疗卫生资源统筹配置改革试点工程；深入开展基层卫生人才素质提升工程；加强农村医疗卫生服务体系建设和改革的组织实施。——《浙江省农村医疗卫生服务体系建设和改革的实施方案》（2009年）

7. 统筹规划布局，突出建设特色；拓展服务内容，适应农民需求；完善设施配套，改善服务条件；配备精干人员，提升服务质量；理顺管理体制，规范运行机制；整合资源力量，加大建设力度；加强组织领导，形成建设合力。——《浙江省人民政府办公厅关于扎实推进基层农业公共服务中心建设进一步强化为农服务的意见》（2011年）

8. 从建设社会主义新农村的战略高度，充分认识做好城镇教师支援农村教育工作的重要意义；明确工作重点，采取多种形式开展城镇教师支援农村教育工作；强化政策措施，引导城镇教师积极参与支援农村教育；加强组织领导，确保城镇教师支援农村教育工作取得实效。——《浙江省人民政府办公厅关于大力推进城镇教师支援农村教育工作的实施意见》（2012年）

9. 进一步明确农村义务教育学生营养改善计划的主要内容，提高资助标准和水平；全面提高食堂管理水平，保证食品质量和安全；切实加强组织领导,保证农村义务教育学生营养改善计划的顺利实施。——《浙江省人民政府办公厅关于实施农村义务教育学生营养改善计划的意见》(2012年)

10. 科学制订义务教育中小学布局调整规划;严格规范学校撤并程序和行为;办好村小学和教学点;解决学校撤并带来的突出问题;开展农村义务教育学校布局调整专项督查。——《浙江省人民政府办公厅关于规范农村义务教育学校布局调整的实施意见》(2013年)

11. 完善特殊教育体系和助学制度;落实就业创业优先服务政策;加大扶贫基地建设力度;提高残疾人基本生活保障水平;完善残疾人康复医疗救助政策;切实做好重度残疾人托养服务工作;加大资金政策支持;开展区域对口帮扶;动员社会各界参与农村残疾人扶贫开发。——《浙江省贯彻农村残疾人扶贫开发纲要(2011—2020年)实施意见》(2013年)

12. 明确农村电子商务发展总体思路和目标;积极培育农村电子商务市场主体;加快构建农产品网络销售体系;逐步完善农村网络消费服务体系;搭建农村电子商务产业发展平台;提升农村电子商务管理和服务水平;加大农村电子商务的政策支持力度;营造良好的农村电子商务发展氛围。——《浙江省农村电子商务工作实施方案》(2014年)

13. 进一步促进农民工就业创业;进一步维护农民工劳动保障权益;进一步推动农民工平等享受城镇基本公共服务和在城镇落户;进一步促进农民工社会融合;进一步加强对农民工工作的组织领导。——《浙江省人民政府办公厅关于进一步做好为农民工服务工作的实施意见》(2015年)

14. 完善基层儿童福利督导服务体系;做好义务教育控辍保学工作;建立发现报告机制;依法处置监护侵害情形;完善帮扶转介机制;健全农村留守儿童信息库;加强农村儿童留守现象源头治理。——《浙江省人民政府办公厅关于加强农村留守儿童关爱保护

工作的实施意见》(2016年)

(二) 四川省

1. 培育农村电子商务市场主体；建设新型农村日用消费品流通网络；加快推进农产品电子商务；鼓励发展农业生产资料电子商务；大力发展农村服务业；提高电子商务扶贫开发水平；加强农村电子商务基础设施建设。——《四川省促进农村电子商务加快发展实施方案》(2016年)

2. 完善规划有序改造；加快推进项目实施；全面提升改造质量；推进棚改货币化安置；推进政府购买棚改服务；落实财税金融支持政策；切实加强组织领导。——《关于进一步做好城镇危旧房棚户区及农村危房改造工作的实施意见》(2016年)

3. 落实家庭监护主体责任；落实县、乡（镇）人民政府和村（居）民委员会职责；落实部门联动责任；发挥群团组织关爱服务优势；动员和支持社会力量积极参与；建立健全农村留守儿童救助保护机制。——《关于进一步加强农村留守儿童关爱保护工作的实施意见》(2016年)

4. 坚持精准扶贫精准脱贫基本方略，加强部门协作，完善政策措施，健全工作机制，形成制度合力，以推进农村低保与扶贫开发两项制度有效衔接为重点，科学管理、分类扶持，充分发挥农村低保制度在打赢脱贫攻坚战中的兜底保障作用。——《关于做好农村最低生活保障制度与扶贫开发政策有效衔接的实施方案》(2017年)

5. 农村住房建设应当遵循节约用地、因地制宜的原则，符合安全、适用、经济、环保、美观的要求，严格执行农村住房抗震设防和建设质量安全标准，满足农民生活生产的需要，体现当地历史文化和建筑风貌。——《四川省农村住房建设管理办法》(2017年)

6. 保障办法：参加基本养老保险；发放生活补贴；发放遗属丧抚费补贴；自愿申请一次性领取养老保险补偿费；养老保险补偿费结余处理。——《四川省被征地农民养老保障实施办法》(2018年)

7. 从 2018 年起,加快推进全省农村生活污水处理设施建设,处理设施运行监管不断加强,处理设施保障能力和服务水平全面提升,农村人居环境质量显著改善,通过 5 年努力,实现全省约 4.5 万个行政村农村生活污水处理设施全覆盖。重点工作包括强化规划引领、加快设施建设、强化技术支撑、完善政策扶持、加大资金投入。——《四川省农村生活污水治理五年实施方案》(2018 年)

图书在版编目(CIP)数据

农村社区服务：体制空间与运行机制 / 罗峰著. —— 北京：社会科学文献出版社，2021.6
ISBN 978-7-5201-8566-0

Ⅰ.①农… Ⅱ.①罗… Ⅲ.①农村社区-社区服务-研究-中国 Ⅳ.①D669.3

中国版本图书馆 CIP 数据核字（2021）第 118202 号

农村社区服务：体制空间与运行机制

著　　者 / 罗　峰
出 版 人 / 王利民
组稿编辑 / 谢蕊芬
责任编辑 / 庄士龙　胡庆英
文稿编辑 / 谭紫倩

出　　版 / 社会科学文献出版社·群学出版分社（010）59366453
地址：北京市北三环中路甲29号院华龙大厦　邮编：100029
网址：www.ssap.com.cn

发　　行 / 市场营销中心（010）59367081　59367083
印　　装 / 北京玺诚印务有限公司
规　　格 / 开　本：787mm×1092mm　1/16
　　　　　印　张：12.75　字　数：169千字
版　　次 / 2021年6月第1版　2021年6月第1次印刷
书　　号 / ISBN 978-7-5201-8566-0
定　　价 / 89.00元

本书如有印装质量问题，请与读者服务中心（010-59367028）联系

▲ 版权所有 翻印必究